CALLWEY

Griechenland, Portugal, Spanien, Italien

Thomas Drexel

Mediterrane Häuser und ihre Gärten

Richtig Kaufen – Gekonnt Renovieren – Landschaftsgerecht Gestalten

Inhalt

Seite 1: Toskanische Allee mit Traumhaus in den Hügeln der *Crete*.
Seite 2/3: Der Wohnsitz und Garten verschmelzen mit dem Meer – Cinquecento-Villa in den *Giardini Hanbury*.
Seite 4: Mélange aus Spanien und Mittelamerika: Antikes Mobiliar aus Katalonien und von Indios produzierte Stoffe aus Guatemala ergänzen sich perfekt (siehe auch Seite 84–89).

Vorwort

Stilvoll sitzen wie ein spanischer Grande: wundervoll restaurierte Loggia einer katalanischen Villa (siehe auch Seite 84–89).

Nicht nur wer das Vorgängerwerk »Häuser im Süden« kennt, wird an diesem neuen Band viel Freude haben. Zahlreiche neue Anregungen und aktualisierte Ratschläge für alle Aspekte rund ums Haus, für die Renovierung und vor allem auch für den Garten im Süden machen ihn zu einem schönen und zugleich nützlichen Leitfaden für die Verwirklichung des Traums vom eigenen Haus im Süden.

Zusätzliche Regionen Italiens werden vorgestellt, der Schwerpunkt bei der Betrachtung Spaniens liegt nun auf dem Festland. Darüber hinaus sind in diesem Band Griechenland und Portugal neu vertreten. Gerade diese beiden Länder führten als Wunschland für Auslandsimmobilien lange eher ein Schattendasein, finden nun aber ein stark zunehmendes Interesse. Im Falle Portugals trug die Rolle Lissabons als Kulturhauptstadt Europas sicherlich zur wachsenden Popularität des Landes am Atlantik bei. Griechenland wird nicht zuletzt als Ausrichter der nächsten Olympischen Sommerspiele 2004 in den kommenden Jahren verstärkt ins Licht auch der an Immobilien interessierten Öffentlichkeit treten.

Das Buch beschreibt den besten Weg auf der Suche nach dem mediterranen Traumhaus – im Prozess der einfühlsamen Renovierung, bei der Auswahl des passenden Ambiente und schließlich des zu Haus und Landschaft passenden Umfelds. All diese Aspekte werden zunächst in einem allgemeinen Einführungsteil behandelt.

Ein besonderer Schwerpunkt liegt auf dem Thema Gartengestaltung. Unter anderem bietet das Buch wichtiges Grundlagenwissen zu folgenden Punkten:

Griechischer Mythos: Blick auf die Vulkan-Caldera von Santorin.

- Kennzeichen und Gestaltungsmerkmale der mediterranen Gärten
- Naturräumliche Vorgaben und Standortverhältnisse
- Gestalterische Vorüberlegungen in der Planungsphase

Eine Vielzahl mediterraner Pflanzen werden im Porträt vorgestellt; Hinweise zu Eigenschaften, Standortansprüchen und Pflege ermöglichen es, sich die persönlichen Wunschpflanzen herauszupicken und optimal miteinander zu kombinieren.
Der Projektteil umfasst gelungene und höchst stimmungsvolle Beispiele renovierter und mit viel Esprit eingerichteter Häuser und ihrer Gärten aus Griechenland, Portugal, Spanien und Italien. Auch innerhalb der einzelnen Länder finden sich Objekte für verschiedenste regionale Vorlieben. Zudem sind in diesem Werk auch zwei renovierte Gebäude vertreten, die aus jüngerer Zeit stammen (wie es besonders oft in küstennahen Regionen der Fall ist) und durch den Umbau ein stimmungsvolleres Erscheinungsbild und Ambiente erhalten haben.
In Bezug auf Griechenland sind sowohl Beispiele vom peloponnesischen Festland als auch von den Kykladen vertreten. Das Projekt auf Santorin etwa befindet sich an einem der wohl magischsten Plätze der Welt, dem Kraterrand der Vulkancaldera – am mutmaßlichen Ort des mythischen Atlantis. Die peloponnesische Westküste kann im Kontrast dazu noch als absoluter Geheimtipp für Hauskäufer gelten; hier bietet sich reiche Anschauung für die stilgerechte Renovierung sowohl eines mehrhundertjährigen Dorfhauses als auch eines jüngeren Landhauses mit Traumblick aufs Meer.

Auf der Reise durch Spanien empfängt den Leser ein am Übergang von der Costa Dorada zur Costa del Azahar gelegener Herrschaftssitz mit großartiger Loggia und großzügigem Park. Ein alter Gutshof bei Sevilla entführt in alte Hacienda-Herrlichkeit, ein Stadthaus in der Sierra Morena (Sierra del Norte) zeigt das Musterbeispiel eines andalusischen Patios.
Höchst faszinierend, doch keineswegs unerschwinglich sind Bauten wie der direkt am Meer gelegene ehemalige Sarazenenturm an der Küste südlich von Neapel und das Dorfhaus in einem kleinen ligurischen Dörflein im Hinterland der Riviera dei Fiori (Blumenriviera). Die Toskana ist mit Landhäusern in unterschiedlichster Lage ebenso vertreten wie mit einer herrschaftlichen Villa und einem mittelalterlichen Kastell bei Siena. Liebhaber der oberitalienischen Seen können sich mit einer Villa am Comer See Stoff für die Verwirklichung ihrer Träume holen.
Portugal als europäisches Tor zum Atlantik präsentiert sich mit Quintas an der Algarve und in der Berglandschaft der Serra de Monchique. Prachtvolle Landschafts- und Terrassengärten betten die Häuser so natürlich und vollkommen in ihre Umgebung ein, als seien sie schon immer da gewesen.
Der Autor wünscht allen Leserinnen und Lesern viel Freude mit diesem Werk – mögen Sie viele praktische Anregungen daraus ziehen und viele Traum-Stunden damit verbringen!

Vom Traum zur Wirklichkeit:

Der Weg zum Domizil im Süden

Während schöner Urlaubsaufenthalte im Süden erwächst bei vielen Menschen – so übrigens auch regelmäßig beim Autor selbst – der unstillbare Drang, sich zumindest eine Teilzeit-Bleibe im Mittelmeerraum oder in Portugal zu sichern. Wer sich auf dem Weg zum Ziel nicht in Fallstricken verfangen und unter Umständen beträchtliches finanzielles Lehrgeld zahlen möchte, wird die in diesem Band enthaltenen Informationen mit Sicherheit gut zu nutzen wissen.
Da in Griechenland, Italien, Spanien und Portugal beim Erwerb einer Auslandsimmobilie teils sehr unterschiedliche gesetzliche Regelungen bestehen, werden relevante Aspekte im Anhang dieses Buches jeweils konkret und ausführlich erläutert. Die Haussuche, die Vertragsmodalitäten, bestehende Finanzierungsmöglichkeiten, steuerliche Aspekte und nicht zuletzt auch baurechtliche und bauplanerische Fragen werden für die jeweiligen Länder spezifisch beschrieben (siehe Seite 148). Wer diese Informationen annimmt, wird sicherlich nicht »über den Tisch gezogen« werden können. Ganz grundsätzlich muss in diesem Zusammenhang aber dem teils fast liebevoll kultivierten Vorurteil entgegengetreten werden, dass sich Immobiliensuche und -erwerb im mediterranen Raum immer problematisch gestalten. Wenn man sich nach den gesetzlichen Bestimmungen und den herrschenden Gepflogenheiten richtet und die Empfehlungen in diesem Buch beherzigt, wird das Unternehmen Auslandsimmobilie sicherlich zu einem glücklichen Abschluss kommen.

1. Vorbereitung der Haussuche

◆ Bevor man sich ins kalte Wasser stürzt, empfiehlt sich eine sorgfältige Zielformulierung und eine gewissenhafte Vorbereitung der Haussuche; damit wird am besten sichergestellt, dass das letztlich erworbene Haus den eigenen Wunschvorstellungen auch wirklich entspricht. Zum Erstellen des persönlichen Wunschprofils eignet sich besonders die im Anhang dieses Buches enthaltene Checkliste, die einfach kopiert und ausgefüllt werden kann (ab Seite 144).

◆ Zu den wichtigsten Aspekten zählt zunächst einmal die Lage: in welchem Land soll sich die Wunschimmobilie befinden, wird eine bestimmte Region bevorzugt, muss das Haus in Meeresnähe oder darf es auch im Landesinneren sein? Die Frage der Lage ist nicht zuletzt relevant im Hinblick auf die zu zahlenden Preise, die in den bevorzugten Wohngegenden mit entsprechend knappem Angebot – neben teuren Großstadtlagen insbesondere die küstennahen Bereiche und die so genannten Traumregionen – teils Schwindel erregende Höhen erreichen können. Besonders teure Küstenstriche sind in Italien etwa die Amalfiküste bei Neapel, die Küste um den Monte Argentario, die Versilia bei Forte dei Marmi und die Ligurische Riviera, in Spanien Teile der Costa Blanca und Costa del Sol, in Portugal nahezu die gesamte Algarve. Auf dem griechischen Festland gibt es dagegen bisher nur wenige Küstenabschnitte mit vergleichbarem Preisniveau; so können etwa weite Teile der peloponnesischen Westküste noch als Geheimtipp gelten. Italien-Liebhaber werden vielleicht südlich von Salerno an der Küste des Cilento ihr Glück finden (siehe hierzu Seite 96). Besonders zeitlos beliebte Inseln wie Mallorca, Capri und Elba, Santorin und andere Kykladen-Eilande tendieren im Preis seit Jahren beständig nach oben. Wer nicht unbedingt auf einer dieser Inseln oder in der ersten Küstenlinie wohnen muss, kann von vornherein beträchtlich sparen; nur wenige Kilometer im Hinterland lassen sich oft Domizile finden, die den gleichen Wohnwert bei deutlich günstigerem Preis besitzen. Ideale Beispiele für Häuser, die ländliches Wohnen mit Meeresnähe verbinden, finden sich auf den Seiten 100–107 und 116–123. Neben den Faktoren Meeresnähe und Insellage spielt es auch eine große Rolle, wie beliebt eine Region als Ganzes ist. Da etwa die Toskana nach wie vor bei Europäern, Nordamerikanern und vielen

Zimmer mit Aussicht auf die Ägäis (siehe Seite 44–49).

»Hausträume erfüllen sich dann, wenn sie akribisch vorbereitet werden.«

Wer wünschte sich nicht, unter den Kreuzgewölben einer solch großartigen Loggia zu sitzen. Um Sonne und Wärme unter Palmwedeln ungetrübt genießen zu können, bedarf es aber einer gewissenhaften Vorplanung.

anderen auf der Beliebtheitsskala ganz oben rangiert, muss auch tief im Landesinneren mit hohen Erwerbungskosten selbst für renovierungsbedürftige Anwesen gerechnet werden. Hier ein Schnäppchen machen zu wollen, kann als nahezu aussichtslos gelten.
Eine zunehmend genutzte Alternative sind die benachbarten Regionen Umbrien – wo sich die Preise allerdings vor allem im Gebiet um den Lago Trasimeno fast den toskanischen Verhältnissen angeglichen haben – sowie die Marken und das Hinterland von Ligurien. Beide Regionen besitzen den Vorteil eines ausgedehnten Territoriums mit reizvoller hügeliger oder bergiger Landschaft, aber auch relativ kurzer Wege zur Küste (der Adria bzw. der Riviera). Ferner wirkt der relativ geringe Tourismus zusätzlich anziehend auf viele Immobilieninteressenten.
Deutlich teurer sind demgegenüber Häuser oder Villen im Bereich der oberitalienischen Seen (Lago di Como, Lago Maggiore und Gardasee); die Lombardei und vor allem das Piemont ziehen traditionell fast ausschließlich sehr wohlhabende Käuferschichten an. Bisher noch wenig beachtet wird in Spanien etwa das Hinterland Andalusiens, das unter anderem mit der Sierra del Norte (Sierra Morena) bei Sevilla eine äußerst reizvolle Naturregion und zahlreiche Kunstschätze aufzuweisen hat.
Auch zur spanischen Atlantikküste westlich Gibraltar (Costa de la Luz; Küste des Lichts) mit den weißen Dörfern im Hinterland wird es in Zukunft sicherlich noch mehr Fernwehkranke ziehen. Die Costa Dorada und die Costa del Azahar (Orangenküste) sowie deren Hinterland werden bisher noch deutlich weniger nachgefragt als die bekannteren Küstenabschnitte Spaniens. Klimatisch problematischere Regionen wie etwa Nordwestspanien, Nordportugal und das spanische Binnenland (Kastilien), das zudem noch recht weit vom Meer entfernt ist, werden auch in Zukunft bei Hauskäufern geringeres Interesse finden.

◆ Liegt das erworbene Haus in Südspanien, Portugal oder Griechenland oder auf einer der vielen Inseln, wird die Anreise aufgrund der hohen Distanzen meist mit dem Flugzeug erfolgen müssen. Solche Überlegungen bezüglich der Erreichbarkeit des Domizils und des persönlich bevorzugten Reisemittels sollten bei der Planung nicht vernachlässigt werden, wenn man nicht bereits nach kurzer Zeit die Erwerbung wieder in Frage stellen möchte. Schon oft ist es vorgekommen, dass die Lust am Traumhaus durch die aufwändige Anreise verleidet wurde und man sich letztlich kaum dort aufhielt.

◆ Vor der Konkretisierung der Hauserwerbspläne sollte unbedingt geklärt sein, ob die eigenen Vorstellungen von der Traumregion auch wirklich mit der Realität übereinstimmen. Für Liebhaber ganzjährig warmer Temperaturen und milder Winter könnten etwa die Toskana und die Marken die falsche Wahl sein; hier empfehlen sich eher Südspanien, die portugiesische Algarve, die Balearen oder der südliche Teil Griechenlands.
Wenn die Wahl der Wunschregion Probleme bereitet, hilft oft eine Prioritätenliste weiter, in der die wichtigsten Voraussetzungen festgehalten und in Bezug auf die in Frage kommenden Regionen überprüft werden sollten.

»Vor der Haussuche steht die Frage nach der Traumregion und den persönlichen Erwartungen.«

◆ Ferner ist zu prüfen, ob das kleinräumige Klima für den persönlichen Gesundheitszustand ideal ist (besonders bei Kreislauf- und Lungenproblemen). Zudem ist zu bedenken, ob man sich als Ruhe Suchender nicht eher für ein Landhaus als für ein Stadt- oder Dorfhaus entscheiden sollte; dagegen ist dörfliches Umfeld für kontaktfreudige Menschen genau das Richtige.

2. Haussuche und konkrete Anforderungen an das Traumhaus

◆ Ein wichtiges Kriterium ist der notwendige Raumbedarf, also die Größe, Anzahl und der Zuschnitt der Räume, und die Frage, ob sich das angestrebte Raumprogramm ohne schwere Eingriffe in die Bausubstanz auch verwirklichen lässt. In einem alten Haus können nicht nur aus baurechtlichen Gründen, sondern ganz grundsätzlich aus Rücksicht auf das historische Bauerbe des Gastlandes nicht einfach nach Belieben Wände herausgerissen und Fensteröffnungen ausgebrochen werden; wer seine Vorstellungen unabhängig von solchen Einschränkungen verwirklichen möchte, sollte sich besser nach einem Neubaugrundstück umsehen. Ob Erweiterungsbauten zulässig sind, muss immer im Einzelfall geprüft werden; in vielen Fällen ist die Genehmigung hierfür von der Größe des Grundstücks und dem Rauminhalt beziehungsweise der Wohnfläche der bestehenden Gebäude abhängig. Die benötigte Fläche hängt letztlich natürlich in erster Linie von der beabsichtigten Art und Dauer der Nutzung sowie von der Anzahl der Bewohner ab; soll das zu erwerbende Anwesen in erster Linie als Urlaubssitz für eine Dauer von 1–2 Monaten im Jahr genutzt sind, sind für den durchschnittlichen Anspruch 100 m² sicherlich ausreichend. Reist man jedoch regelmäßig zwischen beiden Wohnsitzen hin und her und verbringt damit einen Großteil des Jahres im Auslandsdomizil oder ist gar die völlige Übersiedlung beabsichtigt, ist der Erwerb eines größeren Hauses anzuraten. Sicherlich sollen ja auch die erwachsenen Kinder noch genug Platz finden, um gerne zu Besuch zu kommen. Eine besonders großzügige Raumplanung ist dann notwendig, wenn der Umbau des Domizils zu einem Gästehaus vorgesehen ist und dies künftig als Haupterwerb dienen soll (vgl. Seite 44, 84, 90 u. 116). Hier sollten im Durchschnitt schon um die 200 m² für die Vermietung von Zimmern, Junior-Suiten oder Appartments zur Verfügung stehen, damit sich das Unternehmen langfristig trägt.

◆ In den meisten Fällen empfiehlt es sich, einen Makler mit der Haussuche zu beauftragen; dessen Seriosität sollte im Vorfeld so eingehend wie nur möglich geprüft werden. Hierzu können etwa Erkundigungen bei berufsständischen Organisationen oder befreundeten Immobilieninteressenten eingezogen werden. Wichtig ist es, den Makler schriftlich zu beauftragen, die genaue Provisionshöhe im Vertrag zu fixieren und die Zahlung des Honorars immer an den erfolgreichen Abschluss des endgültigen Kaufvertrags zu binden. Um bestmögliche Ergebnisse zu erzielen, sollte man dem Makler eine sehr konkrete Beschreibung des persönlichen Traumdomizils an die Hand geben (etwa hinsichtlich der gewünschten Lage, Größe

des Raumprogramms und des Erhaltungszustands).
Ist der Vermittler nicht in der Lage, Häuser mit dem gewünschten Profil beizubringen oder lässt er klares Desinteresse an einem für den Käufer günstigen Vertragsabschluss erkennen – das heißt vor allem ein günstiger Preis und zügige Abwicklung –, sollte man sich ohne Bedenken nach einem anderen Makler umsehen. Kommt der Interessent mit einem vom Verkäufer beauftragten Makler in Kontakt, sollte zunächst immer dessen Verhandlungsvollmacht überprüft werden. Die Überweisung des Kaufpreises sollte nicht an den Makler, sondern ausschließlich an den Verkäufer oder gegebenenfalls an vom Notar eingerichtete Anderkonten gehen. Teils werden allerdings die beim Abschluss von Vorverträgen fälligen Anzahlungen zunächst auf ein Konto des Maklers gezahlt. Über die Maklerprovision hinausgehende Kosten sollten in keinem Fall akzeptiert werden.

3. Besichtigung, Mängelanalyse und Kaufverhandlungen

◆ Da es erfahrungsgemäß im Regelfall der Besichtigung von mindestens 10–20 Anwesen bedarf, bis man sein Traumobjekt gefunden hat, sollte stets eine größere Anzahl von Anwesen in einem kurzen Zeitraum von 1–2 Tagen besichtigt werden. Das spart viel der meist doch kostbaren Zeit und ermöglicht es zudem, einen sehr unmittelbaren Vergleich der verschiedenen Angebote anzustellen. Die unmittelbar präsenten und frischen Eindrücke erleichtern die Entscheidungsfindung.

Landschaftlich idyllisch gelegene Landhäuser besitzen oft große Grundstücke, die viel Platz für mediterrane Gartenanlagen bieten. Verlassene Bauernhäuser werden – wie hier in Portugal (unten) – oft zum Verkauf angeboten.

Impression von einem alten, weiß gekalkten Dorfhaus auf dem griechischen Eiland Folegandros. Auch Gebäude mit solch idyllischer Ausstrahlung sollten genau auf vorhandene Bauschäden und Probleme untersucht werden.

◆ Bei der Besichtigung eines Anwesens sollte der Interessent sowohl verletzende Nörgelei als auch allzu auffälliges Entzücken vermeiden; während ersteres unter Umständen sogar zum Abbruch der Kaufverhandlungen führen kann, wird der Verkäufer im zweiten Fall vielleicht den Preis nach oben korrigieren und den Kaufabschluss verzögern. Vielmehr sollte man dem Verkäufer offen und freundlich gegenübertreten, dabei aber alle offensichtlichen oder möglicherweise versteckten Probleme und Bauschäden genau registrieren und notieren. Damit die vorhandenen Schwachstellen möglichst vollständig erfasst werden können, sollte man zur Besichtigung nach Möglichkeit einen Baufachmann, am besten einen renovierungserfahrenen Architekten, mitnehmen. Hat man die Bauschäden dann zusammengestellt und die notwendigen Investitionen nach ihrem finanziellen Volumen bemessen, kann auf einer zuverlässigen Basis weiter verhandelt werden. Grundsätzlich sollte vor jeder Entscheidung auch bei positivem Eindruck nicht darauf verzichtet werden, sich die Eigentümerschaft des Anbieters durch Vorlage des notariellen Kaufvertrags oder des Grundbuch- beziehungsweise des Katasterauszugs nachweisen zu lassen.

◆ Lassen Sie sich gegenüber niemandem, am wenigsten gegenüber dem Verkäufer, zu wie auch immer gearteten Aussagen verleiten, die als Kaufeinwilligung gedeutet werden können. Auch eine momentane Begeisterung ist nach eingehender Prüfung des Bauzustands und der Begleitumstände, wie zum Beispiel baurechtliche Vorgaben, Erschließungskosten oder auf der Immobilie lastende Hypotheken,

> »Damit Vertragsmodalitäten nicht zu Fallstricken werden, müssen sie illusionsfrei und fachkundig geprüft werden.«

schon oft in ihr Gegenteil umgeschlagen. Gerade im spanischen Immobilienrecht hat eine mündliche Kaufzusage übrigens die gleiche, rechtlich bindende Wirkung wie ein schriftlicher Vertrag!

◆ Zur besseren Beurteilung der Baugeschichte und des unmittelbaren Umfelds sollte – insbesondere bei Stadt- oder Dorfhäusern –, frühzeitig der Kontakt mit den potenziellen künftigen Nachbarn gesucht werden. Das dient im Falle des Kaufabschlusses auch dem frühzeitigen Aufbau vertrauensvoller Kontakte.

◆ Zu überprüfen ist auch das unmittelbare Umfeld des ins Auge gefassten Hauses; was nützt ein Domizil in der Traumregion, wenn die Küstenstraße direkt am Haus verläuft oder der benachbarte Gewerbebetrieb die Ruhe raubt?

◆ Bereits vor dem Abschluss des Kaufvertrags sollte man sich bei der zuständigen Baugenehmigungsbehörde einfinden und sich über die aktuell herrschenden Bestimmungen, vor allem aber über etwaige Probleme mit der ins Auge gefassten Immobilie informieren. So hat man etwa frühzeitig Kenntnis von grundsätzlichen Baubeschränkungen oder gegebenenfalls fehlenden oder auslaufenden Baugenehmigungen; zudem ist ein guter persönlicher Kontakt zur Baubehörde stets sehr nützlich für alle weiteren Eingaben. Zur Ergänzung sollte ein aktueller Katasterauszug des Anwesens eingesehen werden, der Aufschluss über etwa auf der Immobilie liegende Hypotheken und Belastungen gibt.

Oft müssen die Vorbesitzer des Anwesens über bis zu 20 Jahre zurückverfolgt werden. Auch etwaige Vorkaufsrechte, bestehende Miet- oder Pachtverhältnisse, die Begleichung fälliger Steuern und gegebenenfalls vorhandene Umlagerückstände müssen überprüft werden. Für solche Aufgaben empfiehlt sich insbesondere dann, wenn dafür kein Notar zur Verfügung steht, das Einschalten eines Rechtsanwalts.

4. Finanzierung, Vertragsabschluss und Eigentumssicherung

◆ Nicht nur die ins Auge gefasste Immobilie, sondern auch der persönliche Finanzierungsplan und die Vertragsentwürfe sollten von ausgewiesenen Fachleuten überprüft und selbstverständlich auch mit dem Steuerberater besprochen werden. Für eine Beratung stehen nicht nur auf Auslandsimmobilien spezialisierte Rechtsanwälte, sondern auch bestimmte Verbände und Vereinigungen zur Verfügung, die die wichtigen Finanzierungs- und Vertragsunterlagen durchsehen (Adressen siehe Seite 159).

◆ Grundsätzlich verhindern in den meisten Fällen bilaterale Doppelbesteuerungsabkommen, dass Steuern zweimal bezahlt werden müssen, jedoch sollte dieser Aspekt im Einzelfall hinterfragt werden. Auch wenn eine Doppelbesteuerung ausgeschlossen ist, müssen für die Auslandsimmobilie vor Ort Steuern bezahlt werden, wie zum Beispiel Grunderwerbsteuer und Grundsteuer. Steuerpflichtig sind oft auch der Weiterverkauf, die Schenkung und die Vererbung des Anwesens. Teils, so in Spanien, fällt nicht nur bei Vermietung, sondern auch bei Eigennutzung der Immobilie Vermögens- und Einkommensteuer an.

»Auch Traumdomizile dürfen nicht ohne ›wasserdichten‹ Finanzierungsplan gekauft werden.«

◆ Ist eine Wunschimmobilie gefunden und steht dem Erwerb nichts entgegen, wird in der Regel ein Vorvertrag geschlossen, der beiden Seiten eine gewisse Sicherheit bieten soll, bevor alle für den Abschluss des Hauptvertrags notwendigen Formalitäten – insbesondere hinsichtlich der Finanzierung – abgewickelt worden sind. Allerdings ist der Abschluss eines Vorvertrags auch mit der Zahlung einer ersten Teilsumme des vereinbarten Kaufpreises verbunden, deren Höhe je nach Land differiert (siehe Seite 149 ff.). Ein Vorvertrag sollte eine klare Festlegung des Endpreises und der vereinbarten Anzahlung, Aussagen über gegebenenfalls existierende Hypotheken und Belastungen sowie am besten auch eine feste Frist für den Abschluss des Hauptvertrags enthalten; sollte der Verkäufer die Frist nicht einhalten, kann der Käufer vom Kauf zurücktreten und die Rückerstattung der Anzahlung beziehungsweise eine über dem Anzahlungsbetrag liegende Entschädigungssumme beanspruchen.

◆ Vor dem Abschluss des Hauptvertrags, nach Möglichkeit aber bereits vor dem Unterzeichnen des Vorvertrags sollte ein Finanzierungsplan aufgestellt werden, der das vorhandene Eigenkapital, Fremdkapital und gegebenenfalls weitere verfügbare Mittel (zum Beispiel öffentliche Renovierungszuschüsse) erfasst. Der mit dem jeweiligen Geld- beziehungsweise Bausparinstitut abgeschlossene Kreditvertrag schreibt die Modalitäten der Zins- und Tilgungsbelastung, die Rückzahlungsfristen und Ähnliches fest. Die Finanzierung kann über Banken vor Ort erfolgen – was allerdings sehr gute Kenntnisse der Landessprache voraussetzt –, oder mit Hilfe von Kreditinstituten im eigenen Land abgewickelt werden. Adresshinweise dazu finden sich im Anhang (Seite 159).

◆ Der eigentliche Hauptvertrag schließt den Kauf formell ab, bedeutet aber nicht grundsätzlich eine automatische Absicherung des Eigentums. Notare sind oft nicht dazu verpflichtet, eine Eintragung im Immobilienregister vorzunehmen. Hierfür muss dann gegebenenfalls der Käufer sorgen, indem er die Umschreibung selbst, durch einen Rechtsanwalt oder durch eine darauf spezialisierte Dienstleistungsagentur (im Spanischen *gestoria*) veranlasst. In jedem Fall sollte die äußerst wichtige Frage der Eigentumssicherung bereits vor dem Kaufabschluss mit dem konsultierten Notar detailliert erörtert werden (siehe hierzu die Seiten 148ff.). Auch die Eintragung einer Auflassungsvormerkung erfolgt keineswegs immer automatisch, sondern muß vom Notar in vielen Fällen ausdrücklich erbeten werden. Haupt- und Vorvertrag können meist auch privatrechtlich abgeschlossen werden; dies geschieht in der Regel, um Kosten zu sparen. Allerdings ist davon aufgrund der damit verbundenen bedeutend höheren Risiken hinsichtlich Eigentumssicherung und -übergang, drohender Rechtsstreitigkeiten, Weiterverkaufsproblemen und Ähnlichem grundsätzlich abzuraten.

Vom Erwerb zur Renovierung: Dieses alte Dorfhaus in Oia/Santorin wurde von seinem Besitzer, Markos Karvounis, engagiert und originalgetreu restauriert.

Einfühlsam renovieren und einrichten – ein Wegweiser

Grundsätzlich bedarf die Renovierung eines alten Hauses im mediterranen Raum vor allem eines Gefühls für den Wert alter Bausubstanz und ihrer Geschichte; das Fachwissen kann dann durch Fachleute – etwa den beauftragten Architekten – oder durch den Austausch mit renovierungserfahrenen Handwerkern und Freunden und natürlich durch die eigene praktische Tätigkeit erlangt werden. Eine gelungene Renovierung setzt aber die Bereitschaft voraus, in das alte Haus hineinzuhorchen, es selbst sprechen zu lassen. Auch wenn gewisse Konstruktionsdetails und Besonderheiten nicht auf den ersten Blick einleuchtend erscheinen, können diese bei der Erbauung einen sehr vernünftigen Grund gehabt haben und durchaus erhaltenswert sein. Während der Renovierung kommen oft alte interessante Bauzustände zum Vorschein, die in späterer Zeit verändert wurden. Wer das Raumkonzept ändern muss, kann sich beim Innenausbau – etwa beim Einbau von Treppen und neuen Türöffnungen – oft von solchen Befunden leiten lassen.

◆ Es sollten grundsätzlich immer die alten Handwerkstechniken und Materialien aufgegriffen und eingesetzt werden. Bei der Renovierung eines wundervollen Altbaus im Süden, der ganz besonders von seiner über Jahrhunderte bewahrten Atmosphäre lebt, sollte nicht das billigste Angebot über die Wahl der eingesetzten Baustoffe entscheiden. Zudem kann das zunächst Billige oftmals sehr teuer werden, wenn daraus Bauschäden und kostspielige Sanierungsarbeiten resultieren.

◆ Von besonderer Wichtigkeit ist es, ökologische und baubiologisch optimale Produkte zu verwenden, die selbstverständlich auch auf den Charakter des jeweiligen Gebäudes abgestimmt sein sollten. Ein seit jeher unverputztes Natursteinhaus sollte beispielsweise auch bei der Sanierung so bleiben und, wo notwendig, mit dem gleichen Material ergänzt werden, da dieses gerade in bergigen Gegenden althergebrachte Baumaterial praktisch keine Feuchtigkeit aufnimmt.

Vorhandenes Material wie alte Bodenfliesen und Terrakottaplatten kann in der Regel entweder verbleiben oder, etwa wenn ein neuer Bodenunterbau eingebracht wird, hinterher wieder verlegt werden. Das spart zum einen Geld und erhält zum anderen den traditionellen Charakter und damit die spezifische Ausstrahlung des Gebäudes. Zur Ergänzung des Vorhandenen besteht die Möglichkeit, alte Materialien aus Abrisshäusern zu retten oder bei speziellen Händlern zu erwerben.

Tipps für Bezugsadressen zum Beispiel von Natur- und Mineralfarben, Fliesen und Tonplatten guter Qualität sowie

Jahrhundertealte Natursteingewölbe in der Küche (oben), gotische Fensterlaibungen und maurische Bögen an der Fassade (unten) – eine solch beispielhafte Renovierung lohnt alle Mühen (Planung: Rodolfo Schmidt Zagert, Palma de Mallorca).

hochwertigen Gebrauchtmaterialien verschiedenster Art können aus dem Projektteil dieses Buches entnommen oder von befreundeten Hausrenovierern erfragt werden.
Natürlich können ökologisch, bauphysikalisch und baubiologisch sinnvolle Materialien, für die sich vielleicht vor Ort kein adäquates Produkt finden lässt, auch einmal importiert werden.
Von vornherein ausscheiden sollte die Verwendung beziehungsweise der Einbau folgender Baustoffe und Bauteile:

- Betonsteine und Betonfertigteile
- betonierte Dachstühle
- Fenster und Türen aus Kunststoff oder Aluminium
- alle nicht recyclebaren oder umweltschädlichen Stoffe und Produkte (zum Beispiel Mineralwolle, kunststoffbeschichtete und Verbund-Produkte)
- alle Konstruktionen, die den Feuchtigkeitsaustausch behindern, also etwa dichte Folien und Dampfsperren im Dachbereich, nicht diffusionsoffene Wand-Dämmplatten und Ähnliches
- Innen liegende Dämmungssysteme (etwa bei zu dünnen Außenwänden)
- reine Zementputze oder Putze mit hohem Zementanteil
- Dispersionsfarben

◆ In jüngerer Zeit eingebaute gesundheits- oder umweltschädliche Teile sollten entfernt werden. Falls sanitäre Einrichtungen vorhanden sind, weisen diese oft Bleirohre auf, die Rückstände im Trinkwasser hinterlassen. Auch von Umbauten der jüngeren Zeit stammende »Altlasten« wie etwa Styropor-Verbundplatten und Kunststoffpaneele sollten umweltgerecht entsorgt werden.

Ganz oben: **Typisch andalusisch sind neben der traditionellen Farbgebung die schmiedeeisernen Balkonbrüstungen und die Holzjalousetten an diesem Altstadthaus in Sevilla.**
Oben: **In Portugal, dem Mutterland der Azulejos, werden auf den farbigen Kacheln oft Herrenhäuser mit ihren Gärten oder allegorische Szenen dargestellt.**

◆ Viele unrenovierte einfache Land- oder Dorfhäuser besitzen gar keine oder eine nur sehr rudimentäre Haustechnik, die dementsprechend neu zu installieren ist. Meist müssen Bäder und Toiletten zunächst einmal in das bestehende Raumkonzept eingepasst werden, ohne den alten Grundriss zu zerstören. Der heute manchmal noch übliche Einbau von Sanitär-Rohrleitungen aus Eisen sollte insbesondere dann, wenn sie unter Putz oder im Boden verlegt werden sollen, wegen unzureichender Haltbarkeit unterbleiben. Statt dessen können Rohre aus Kupfer oder Edelstahl eingebaut werden. Aus Edelstahl gefertigte Rohrleitungen für die Elektroinstallation können bei Verlegung auf Putz die billig aussehenden Plastikrohre ersetzen. Dies erspart es, Wände aufzuhacken und damit oft wertvolle Denkmalsubstanz, wie zum Beispiel Wandmalereien, zu zerstören. Insbesondere bei Unter-Putz-Verlegung sollte daher auch vermieden werden, wahllos neue Steckdosen und Schalter zu montieren.

◆ Wer ein wunderbares altes Haus mit Atmosphäre erworben hat, sollte nicht auf irgendeinen Handwerker vertrauen, sondern Betriebe mit Erfahrung in der Altbausanierung und mit der Kenntnis althergebrachter Handwerkstechniken auswählen. Wer beispielsweise einen Fenstersturz nicht in der traditionellen Weise ausführen kann, sondern dafür Betonfertigteile benötigt und sich in die alten Bautechniken auch nicht einarbeiten will, kann getrost gleich nach Hause geschickt werden. Persönliche Empfehlungen helfen bei der Suche nach dem besten Handwerker oft weiter, ansonsten bedarf es oft zahlreicher Versuche, bis die richtigen Kräfte gefunden sind. Die bei den einzelnen Projekten genannten Adressen geben hierfür wertvolle praktische Tipps für die verschiedenen Regionen.

◆ Die Frage, ob ein Architekt mit der gesamten Planung beauftragt werden muss, ist nicht einfach für alle Länder mit ja oder nein zu beantworten. Für die Erstellung der Baueingabe, also der Genehmigungsunterlagen, bedarf es in Spanien immer der Überprüfung durch einen Architekten, in Italien müssen die Pläne zumindest durch einen staatlich anerkannten Geometer erstellt werden. Ansonsten ist es grundsätzlich aber durchaus möglich, das Konzept für die Renovierung und die Überwachung des Bauablaufs in Eigenregie durchzuführen. Voraussetzung sollte aber ein solides Grundwissen über die regionalen Bautraditionen und ein sicheres Gespür für die passende Baugestaltung sein; Eigenregie bietet sich unter diesen Voraussetzungen in erster Linie dann an, wenn fast ausschließlich alte Substanz wieder hergestellt wird und keine größeren Eingriffe in die Fassadengestaltung und keine grundlegenden Veränderungen des Grundrisses notwendig sind. Gerade die

Veränderung von Fassadenöffnungen, also Türen oder Fenstern, bedarf eines detaillierten Wissens um die richtigen Proportionen, also das Verhältnis der einzelnen Teile zueinander und die optische Wirkung des einzelnen Elements. Bereits ein einziges in Größe oder Einteilung falsch gestaltetes Fenster kann die Wirkung der gesamten Fassade zunichte machen. Im Zweifelsfall sollte also in solchen Fällen zumindest der Rat eines erfahrenen Renovierungsarchitekten eingeholt werden. Der finanzielle Aufwand hierfür zahlt sich meist vielfach aus. Noch wichtiger ist das Heranziehen eines ausgewiesenen Renovierungsfachmanns bei der Beurteilung des Bauzustands und der einzuleitenden Maßnahmen; da dies auch unmittelbare Auswirkungen auf den nötigen Kostenaufwand hat, sollte diese Bauuntersuchung möglichst frühzeitig erfolgen. Es gibt während einer Renovierung immer genügend unvorhersehbare Entdeckungen, deren »Überraschungseffekt« nicht noch durch die Vernachlässigung deutlich sichtbarer Bauschäden gesteigert werden sollte!

◆ Die Innenausstattung des renovierten Gebäudes bietet zahlreiche Möglichkeiten, mediterranes Flair zu schaffen. Gemauerte, weiß gekalkte Einbaumöbel in Küche und Bad mit handwerklich gearbeiteten, einfachen Holzfronten wirken sicherlich stimmungsvoller als eine weiße Schleiflack-Küche. Fliesen und Kacheln sind vor allem in Portugal und Spanien ein traditioneller Wandschmuck. Teils werden dort ganze Wände mit farbigen Azulejos gestaltet. Zwar dominieren im Allgemeinen die Farben Weiß und Blau, der Farbigkeit sind jedoch keine Grenzen gesetzt. In portugiesischen Herrenhäusern finden sich sehr oft große, mehrfarbige Azulejo-Flächen mit umfangreicher Motivik. Auch Italien besaß wichtige Zentren der Fliesen- und Kachelherstellung; alte Exemplare werden heute übrigens gerne an Antiquitätenhändler in der Provinz geliefert.

◆ Nach gelungenem Abschluss des Renovierungsprozesses stellt sich schließlich die Frage, wie die Einrichtungsgestaltung aussehen soll. Bei dieser Frage ist natürlich der persönliche Geschmack ausschlaggebend, der sich aber Anregungen und Anleihen aus der mediterranen Tradition holen sollte, damit möglichst viel von der ursprünglichen Atmosphäre des Hauses spürbar bleibt. Noch im Haus befindliche alte Möbel können restauriert werden, weitere im Lauf der Zeit bei Antiquitätenhändlern der Umgebung dazu gekauft oder von Reisen aus Übersee mitgebracht werden. Adressen finden sich im Projektteil des Buches. Auch moderne Design-Klassiker passen selbstverständlich zum alten Mobiliar. Damit Haus und Einrichtung zur Einheit werden und dem Auge noch Freiräume bleiben, sollten die Räume jedoch nicht zu Tode möbliert werden.

Eine stimmungsvoll eingerichtete Dachgeschosswohnung in Palma de Mallorca. Die Besitzerin Sigrid Geist und der Planer Rodolfo Schmidt Zagert haben das Altstadtdomizil stilvoll umgebaut und saniert.

Der Duft des Südens: Den Garten gekonnt gestalten

Was ist ein mediterraner Garten und was zeichnet den Garten im Süden vor allen anderen Gärten aus? Keine ganz einfache Frage, wenn man die Gärten im Mittelmeerraum und in Portugal in ihrer Gesamtheit betrachtet. Denn natürlich weisen die Parks und Anlagen alter Villen und Herrschaftssitze am Mittelmeer viele übergreifend gültige, gleichsam internationale Charakteristika auf, die sie mit den Gärten in anderen Teilen Europas verbinden. Dennoch lassen sich einige spezifische Merkmale festhalten, die auf viele gut gestaltete Gärten im Mittelmeerraum und in Portugal zutreffen. Diese sind:

- ein Anteil an mediterraner Vegetation, also den natürlich vorkommenden (endemischen) oder seit vielen Jahrhunderten kultivierten Pflanzenarten, die den vorhandenen Klima- und Standortbedingungen angepasst sind
- eine Gestaltung, die den Garten (etwa durch Wegeführung, Pflanzenauswahl) als Teil der Umgebung und der Naturlandschaft auffasst und somit landschaftsgerecht ist
- die Konzeption des Gartens als Lebensraum im Freien (zum Beispiel beschattete Sitzplätze unter Pergolen, Einsatz von Duftpflanzen)
- die Verwendung regional vorkommender Materialien (zum Beispiel durch Feldsteine, Naturstein)
- eine Raumgliederung und Geländemodellierung mit traditionellen Baustoffen und -teilen (zum Beispiel Natursteinmauern, Hangterrassierungen)
- Bewusstes Spiel mit Licht und Schatten (zum Beispiel durch überwachsene Laubengänge, Pavillons)
- die Gestaltung mit Wasser (Brunnen, Becken, Wasserspiele, Fontänen) als Gegenpol zur Hitze der Sonne
- der Einsatz von Gestaltungselementen mit südlich-mediterraner Ausstrahlung (zum Beispiel Terrakottaplatten oder Feldsteine als Wege- und Sitzplatzbelag, farbig glasierte Fliesen oder Azulejos zur Verkleidung von Wänden und Brunnenbecken)

Mit guter Planung zum Traumgarten

Selbstverständlich kann nicht jeder gut gestaltete Garten im Süden alle der eben genannten Kriterien gleichzeitig erfüllen; gerade bei Dorf- und Stadthäusern steht nur begrenzter Platz zur Verfügung. Dieser kann jedoch mit einigen Kunstgriffen so gut genutzt werden, dass sogar auf einer Dachterrasse mediterrane Garten-Stimmung entsteht (siehe etwa Seite 100 ff.). Wasser als Gestaltungselement für größere Flächen ist selbstverständlich nur dort zu empfehlen, wo es in größeren Mengen verfügbar ist, wenn man seinen Garten im Einklang mit der Natur anlegen möchte. Daher ist vor der Planung eine Bestandsaufnahme der gegebenen räumlichen Möglichkeiten und Standortfaktoren unerlässlich, um auf die-

Wo groß und klein die Seele baumeln lassen können: Rückzugsplatz im Garten zwischen Natursteinmauern und üppigem Pflanzenwuchs.

ser Grundlage dann die besten Entwürfe erstellen und die geeigneten Pflanzen auswählen zu können. Die auf den Seiten 33–43 zu findende Beschreibung der beliebtesten mediterranen Pflanzen hilft dabei.
Aufgrund der jeweils recht unterschiedlichen örtlichen Gegebenheiten ist es nur schwer möglich, zudem aber auch gar nicht immer wünschenswert, eine große Bandbreite verschiedenster mediterraner Elemente einzusetzen. Für die Beschränkung im Sinne von »Weniger ist mehr« spricht auch die Tatsache, dass man durch die Konzentration auf wenige wirkungsvolle Situationen und Blickfänge meist eine weit nachhaltigere Wirkung erzielt als mit Sammelsuriumsähnlichen, überfrachteten Arrangements. Man kennt diesen Effekt von mediterran wirken sollenden Dekorationen, wo lediglich ein Versatzstück neben das andere gestellt wird und kein natürliches Ganzes entsteht.

Oben: **Gekonnte Wege- und Blickführung: Üppige Oleanderbüsche und gelb geränderte Agaven in Tongefäßen säumen den Weg zum Garteneingang, die blaue Türe gibt den Blick auf den Zitrushain frei (siehe auch Seite 50–57).**
Unten: **Ein grüner Laubengang lässt beim Durchqueren das Spiel von Licht und Schatten erleben.**

Günstiger ist es, sich seinen persönlichen Gartentraum aus wenigen, ausgesuchten Bestandteilen zusammenzustellen und sich dabei viel Zeit für die Planung und Auswahl zu nehmen. Gerade das Haus im Süden bietet die Gelegenheit, sich auch bei der Gartenplanung von übertriebener Hektik zu lösen, in aller Ruhe Ideen zu sammeln und diese schriftlich festzuhalten. Nach einer gewissen Zeit gelangt dann eine Idee zur Reife, während eine andere vielleicht wieder verworfen wird. Allmählich entsteht so ein fester Bestand an Planungsideen und Pflanzenwünschen, die nun zusammengeführt werden können. Fertigen Sie auch maßstabsgetreue Skizzen an, in die sowohl der Bestand an Pflanzen, Gebäuden und anderen Elementen als auch die neu konzipierten Teile der Planung eingetragen werden sollten.
Auf gezeichnete Skizzen sollte auch und gerade bei kleinen Anlagen wie Innenhöfen oder Dachterrassen nicht verzichtet werden, denn gerade auf kleiner Fläche kommt das einzelne Detail noch weit stärker zur Wirkung als in einem großen Park. Vor der praktischen Umsetzung ist die zusätzliche Zeichnung eines Pflanzplans im Maßstab 1:50 oder größer zu empfehlen, in dem nicht nur Bäume und Sträucher, sondern auch Stauden und Blumen Eingang finden sollten. Dabei verbessert die Wahl unterschiedlicher Farben für Pflanzenbestand und -neuanlage, Wasserflächen und andere Elemente die Übersichtlichkeit.
Sollen kompliziertere Vorhaben wie der Bau von Mauern, Gartenpavillons oder Pergolen verwirklicht werden, müssen unbedingt genaue Detailzeichnungen –

Es gibt kaum etwas Schöneres als einen schattigen Sitzplatz im Grünen.

am besten im Maßstab 1:10 – erstellt werden, die die Bauteile zumindest in der Ansicht erfassen. Fühlt man sich mit Teilen der Planung und Ausführung überfordert, sollten Architekten und Fachbetriebe zu Rate gezogen werden. Oft hilft es aber schon, einfach zu warten – das heißt, zuerst das »Grundgerüst«, die einfacheren Bestandteile zu pflanzen beziehungsweise zu verwirklichen, um dann die sich nach einiger Zeit mit Sicherheit einstellenden Inspirationen zu ergänzen. So wächst der Garten im Süden gemeinsam mit den eigenen Kenntnissen.

Größere Flächen, Sitzplätze und Wege gestalten

Gartenflächen können auf sehr unterschiedliche Weise bepflanzt werden und müssen nicht immer klar in Beet- und Rasenflächen unterteilt sein. Die großflächige Unterpflanzung eines auf dem Grundstück vorhandenen Olivenhains mit Rosmarinsträuchern, Lavendel oder Schwertlilien wirkt beispielsweise weit besser und natürlicher als monotone Beete oder eine kurz geschnittene Rasenfläche. Wo Rasen angelegt wird, sollten trockenheitsresistente Mischungen ausgewählt werden; der von zu Hause importierte

Zierrasen wird unter der Sonne des Südens einen allzu schweren Stand haben. Tipps holt man am besten in Gärtnereien vor Ort ein.
Gute Alternativen zu Rasenflächen sind in milderen Klimaten zwei- bis dreimal jährlich zu mähende Wiesen, die allerdings in dauertrockenen Gegenden im Sommer verbräunen können. In Gegenden mit Wassermangel sollte man weitgehend auf Bewässerung verzichten. Mit zunehmender Hitze und abnehmender Regenhäufigkeit sollte der Schwerpunkt hin zu Pflanzen verschoben werden, die auch längere Trockenperioden unbeschadet überstehen. Ein Teil des eingesparten Wassers kann dann statt für das Gießen etwa zum Füllen eines kleinen, Kühle spendenden Wasserbeckens sinnvoller verwendet werden. Zumindest auf Teilen des Grundstücks können widerstandsfähige, bodendeckende Pflanzen den Rasen ersetzen. Hierfür kommen unter anderem der kriechende Thymian *(Thymus serpyllus)*, das Hornkraut *(Cerastium tomentosum)*, die Niedrige Glockenblume *(Campanula,* z.B. *C. garganica)* und auf etwas absonnigen Plätzen auch der Steinsame *(Lithospermum purpureo-caeruleum)* in Betracht.
Wege und Sitzplätze werden im mediterranen Raum je nach Region besonders stimmungsvoll mit Backsteinen, Terrakotta- beziehungsweise Natursteinplatten oder Feldsteinen belegt. Nach Möglichkeit sollte das Wasser zwischen den Fugen versickern können.

Raumgestaltung im mediterranen Garten

Die häufig an Hängen gelegenen Gartengrundstücke können nach dem Vorbild der mediterranen Landwirtschaft mit Terrassen aus Naturstein befestigt werden. Bestehende, oft nach längerem Brachliegen der Felder reparaturbedürftige Terrassenmauern sollten mit Hilfe örtlicher Handwerker fachgerecht wiederhergestellt werden. Terrassierte Bereiche wirken der Bodenerosion effektiv entgegen, erleichtern die Bearbeitung und verbessern die Aufenthaltsqualität des Gartens. Natürlich können Mäuerchen aus Natur- oder Backsteinen auch Hochbeete befestigen; so kann man seinen Sitzplatz mit duftenden Kräutern und Blütenpflanzen umgeben. Mit Wein, Trompetenblume oder Bougainvillee bewachsen sehr stimmungsvolle, vor der Sonne geschützte Aufenthaltsräume entstehen lassen. Auch Laubengänge, die wie Pergolen das Spiel mit Licht und Schatten variieren, können begrünt oder auch ganz aus beschnittenen Pflanzen gestaltet werden. Beschattete Aufenthaltsflächen im Garten lassen sich ebenso durch Pavillons schaffen, die oft in der Flucht oder im Schnittpunkt von Blickachsen liegen und so besonders herausgehobene Blickfänge bilden. Praktische Planungsanregungen holt man sich am besten in den berühmten Gärten des Südens wie denen der Alhambra und des Generalife, der italienischen Renaissance-Villen in der Toskana und in Latium und den bisher noch wenig bekannten atemberaubenden Giardini Hanbury an der Italienischen Riviera. Auch mit Pflanzen allein ist es möglich,

Ganz oben: Der Gartenbereich in der Alhambra wird auf vier Seiten von Mauern umgeben, die Wasserbecken von Oleanderbüschen gesäumt. Das Sonnenlicht bricht sich in vielen Fontänen.
Oben: Ein kleines, höchst wirkungsvolles Brunnenbecken aus Stein in den Gärten von Alfabia (Mallorca).
Linke Seite: Herrschaftlich mediterran: Der antike Brunnen mit dem kreisrunden Steinbecken spendet Kühle, gibt dem Vorplatz eine Mitte und betont das Eingangsportal.

Durch den bedachten Einsatz von Pflanzen (hier eine Rosmarinhecke), Natursteinmauern, Rabatten, Kies- und Rasenflächen entstehen klar gegliederte Gartenräume.
Rechte Seite: Eine sogenannte toskanische Pergola besteht aus einer filigranen Holz- oder Eisenkonstruktion, die auf steinernen Säulen ruht.

überzeugende Gartenräume zu schaffen. Ein grünes Zimmer mit einer immergrünen Lorbeer-Wand, ein Durchgangstor aus schlank aufragenden Zypressen oder eine tunnelartige Platanenallee können magische Stimmung verbreiten.
Brunnen und Wasserbecken an Ruhe- und Sitzplätzen bieten in der Hitze des Südens eine kühle Zuflucht.

Praktische Tipps zur Gartenanlage und -pflege

Die Vorbereitung der Pflanzflächen und Beete folgt im mediterranen Raum etwas ungewohnten Kriterien. Zunächst muss für die meisten der ab Seite 33 genannten Pflanzen in der Regel keine dicke Humusschicht aufgebracht werden; auch ein hoher Nährstoffgehalt des Substrats ist von geringerer Bedeutung, ja kann teilweise sogar mehr schaden als nützen. Im Vordergrund steht vielmehr die Aufgabe, den Pflanzen einen durchlässigen, also einen gut durchwurzelbaren und gut durchlüfteten Boden mit gutem Wasserabzug bereitzustellen. Diese Forderung erfüllen leichte Böden mit hohem Sandanteil – bis 2/3 – am besten. Die geringe Fähigkeit von Sand, Nährstoffe zu halten, stellt für die meisten mediterranen Pflanzen kein Problem dar. Der Humusanteil der feinkrümeligen Pflanzerde sollte nicht mehr als die Hälfte betragen. Ein in manchen Regionen einmal vorhandener hoher Lehm- oder Tonanteil muss durch Zugabe von reichlich Sand ausgeglichen werden.
Bei der Kübelkultur von mediterranen Pflanzen sieht es allerdings etwas anders aus; da die Wurzeln sich hier nicht ihren eigenen Weg suchen und stark austrocknen können, ist eine Mischung aus Lehm, Humus und Sand – zu je 1/3 – zu empfehlen.
Für Bäume und Sträucher oder Stauden mit großem Wurzelballen sollte mit einem Spaten eine Pflanzgrube ausgehoben werden, die zumindest doppelt so breit und tief wie der Wurzelballen beziehungsweise der Wurzelbereich sein muss. Unten sollte so viel Substrat eingefüllt werden, dass der Wurzelbereich nach Verfüllen des Pflanzlochs und vorsichtigem Antreten ganz mit Erde bedeckt, aber nicht zu tief gesetzt ist. Die Abdeckung der Pflanzfläche mit Kies oder Gesteinsschotter kommt den Ansprüchen mediterraner Gewächse entgegen und wirkt sehr dekorativ. Größere Bäume und Sträucher ab etwa 2 m Höhe sollten angepfählt werden. Abschließend muss gut eingegossen werden, um das Anwurzeln zu fördern. Danach sollte noch einige Male täglich, später dann in größeren Abständen gegossen werden. Stets sollte der weiche Gießstrahl auf den Boden, nicht auf die Blätter gerichtet werden. Statt oft ein bisschen darf seltener, aber reichlich gegossen werden. Sind die Pflanzen eingewachsen – zu erkennen an der

»Der mediterrane Garten bietet sinnliche Erlebnisse für Auge, Nase, Geist und Körper.«

Oben: Mediterranes Gartenidyll am Haus. Während die ins Erdreich ausgepflanzte, reich blühende Bougainvillee wenig Pflege benötigt, brauchen die in Gefäßen kultivierten Pflanzen regelmäßige Wasser- und Düngergaben.
Unten: Auch der Mittelmeergarten will unterhalten sein: Laura Castellucci beim Harken ihrer Terrassenbeete.

Bildung gesunder, neuer Triebe, Blätter und Blüten –, sollte das Gießen weiter eingeschränkt werden. Kümmern oder Gelbfärbung von Blättern deutet oft auf übermäßige Wassergaben hin. Gießen Sie nach dem Augenschein – solange es der Pflanze ersichtlich gut geht, braucht sie auch nichts! Insbesondere das Düngen sollte bei mediterranen Pflanzen weitgehend unterbleiben. Ins Gefäß gesetzte Pflanzen brauchen im Unterschied dazu regelmäßige – im Sommer tägliche – Wassergaben. Im Winter kann seltener gegossen werden. Auch Düngergaben (etwa alle zwei Wochen) sind bei größeren im Kübel kultivierten Gehölzen notwendig.

Dieser verglaste Windfang wird von Bleiwurz, Bougainvillee und Gewürzrinde malerisch überwachsen. Pflanzt man solche laubabwerfende Kletterer, so kann man im Winter die wärmenden Sommerstrahlen ins Haus holen (siehe auch Seite 70–77).

Mediterrane Pflanzenkunde

Ohne den gesamten Mittelmeerraum und Portugal allzu verallgemeinernd gleichsetzen zu wollen, sind doch eine Reihe von häufig wiederkehrenden Standortbedingungen und der entsprechenden natürlichen Vegetation anzutreffen. Aufgrund der hier bereits in der Antike begonnenen und vor allem im 19. und 20. Jahrhundert intensivierten großflächigen Abholzung, aber auch infolge des warmen Klimas bildete sich vielerorts – von den griechischen Kykladen über den Peloponnes, Mittel- und Süditalien bis nach Spanien und zur portugiesischen Algarve – die charakteristische südliche Macchien-Vegetation aus. Diese ist gekennzeichnet durch die Dominanz trockenheitsresistenter beziehungsweise sogar trockenheitsliebender Pflanzen, die hier zum größten Teil bereits seit langer Zeit heimisch sind. Je nach Standort und regionalen Klimabedingungen besitzt die auch als Buschwald klassifizierte Macchie unterschiedliche Ausprägungen. So unterscheidet man nach der durchschnittlichen Wuchshöhe der Macchienvegetation die hohe und die niedere Macchie; in der weiteren Höhenstaffelung folgt die von niederen und krautigen Pflanzen dominierte Garrigue, die oft bereits stark von der Arisierung betroffen und in der eine Aufforstung schwierig ist. Die Macchie wird nach den jeweils vor-

In diesem portugiesischen Garten bilden große Gehölze wie Palmen, Oliven- und Johannisbrotbäume das gestalterische Grundgerüst, die untere Etage nehmen Blütensträucher wie der Hibiskus ein. Natursteinmauern gliedern nach hergebrachter Sitte die Räume. Eine kleine Zitrusplantage stellt die Verbindung zwischen Garten und Landschaft her (siehe auch Seite 70–77).

herrschenden Leitpflanzen differenziert – so gibt es beispielsweise die Steineichen-Macchie, die Erdbeerbaum-Macchie und die Zistrosen-Macchie. Insbesondere in der Macchie des griechischen Peloponnes finden sich oft ausgedehnte Feuerdorn-Bestände *(Pyracantha coccinea)*. Selten fehlen in der Macchien-Vegetation der Wilde Ölbaum *(Olea europaee* var. *oleaster)*, der Mastix-Strauch *(Pistacia lentiscus)* und der Kreuzdorn *(Rhamnus alaternus)*. Häufig liegt auch der Duft des Rosmarins und des Schopflavendels über der Macchie. Die Kermeseiche *(Quercus coccifera)* kommt vor allem im östlichen Mittelmeerraum vor.

Die trotz aller regionaler Abweichungen insgesamt doch recht einheitliche natürliche Vegetation korrespondiert mit der hohen jährlichen Sonnenscheindauer, den relativ geringen Regenmengen und den durchlässigen Böden mit meist relativ dünner Humusschicht bei insgesamt geringer Luftfeuchte. Damit sind gleichzeitig die Ansprüche der meisten bekannten und beliebten Pflanzen des Südens umrissen. Oft zeichnen sie sich zudem durch ihre Vorliebe für kalkhaltige beziehungsweise alkalische Böden aus.

Agave

Bleiwurz

Bougainvillee

Tipps zur Pflanzenauswahl

Die Auswahl der Pflanzen für den eigenen Garten muss und kann sich natürlich nicht auf die in der jeweiligen Naturregion vorkommenden Pflanzen beschränken, sie sollte aber in jedem Fall auf die herrschenden Standortbedingungen abgestimmt sein. Zudem sollte man keinesfalls völlig auf die Einbeziehung der regionalen Pflanzen verzichten, da diese bei durchdachter Anlage für die harmonische Einbindung des Gartens in die umgebende Landschaft sorgen. Die folgende Auswahl kann nicht vollständig sein, sie bildet aber ein gutes Grundgerüst von Bäumen und Sträuchern, die in nahezu jedem mediterranen Garten problemlos gedeihen und in den Erdboden gepflanzt längere Zeit ohne Wasser auskommen; falls nicht anders vermerkt, brauchen die Pflanzen zur optimalen Entfaltung einen vollsonnigen Standort und durchlässige, also lockere und gut durchwurzelbare Böden, die durchaus längere Zeit austrocknen dürfen. Die meisten dieser Pflanzen vertragen nur Temperaturen bis etwa -5°C, während sie große Hitze mit ihren dafür ausgebildeten Blättern und Trieben gut überstehen.

Agave *(Agave americana)*
Die aus Mittelamerika stammende, im mediterranen Raum seit langem verbreitete Agave bildet einen rosettenartigen Kranz steil aufstrebender breit-lanzettlicher, fleischiger Blätter mit scharfen, gespitzten Blatträndern aus. Die blau-grau-grüne Färbung prädestiniert die Pflanze für eine Verwendung an herausgehobener Stelle oder in Kübelkultur. Bis zur Ausbildung der malerischen Blüte, die auf einem mehrere Meter hohen Schaft sitzt, vergehen etwa 10–20 Jahre. Die Agave verlangt auch in Kübelkultur sparsamen Umgang mit Wasser.

Bleiwurz *(Plumbago auriculata)*
Der ursprünglich in Südafrika beheimatete, etwa 2 m hoch wachsende Strauch gehört zu den wertvollsten Blütengehölzen für den Garten im Süden. Seine hellblauen oder weißen Ährenblüten, die jeweils am Triebende erscheinen, bilden über Monate hinweg eine richtiggehende Blütenwolke. Die Pflanze kann frei stehend, aber mit Klettergerüst oder Spanndraht auch zum Beranken von Mauern, Zäunen und Bäumen eingesetzt werden.

Bougainvillee *(Bougainvillea)*
Vom französischen Entdecker de Bougainville von Brasilien nach Europa gebracht, ist die frohwüchsige Bougainvillee in Südeuropa heute die bei weitem beliebteste und am meisten verbreitete Kletterpflanze. *Bougainvillea glabra* und ihre Varietäten blühen lila oder violett-rosa, *B. spectabilis* und Sorten aber auch in verschiedenen roten, rosanen und gelben Farbtönen sowie in Weiß. Botanisch gesehen, färben sich bei der Bougainvillee übrigens die Hochblätter, nicht die Blütenblätter. Wegen ihrer Frostempfindlichkeit sollte man in gefährdeten Regionen einen geschützten Standort wählen und der Pflanze einen Winterschutz geben. *B. glabra* ist weniger frostanfällig als *B. spectabilis* und verträgt einige Minusgrade noch ohne größere Schäden. Die Pflanze braucht stets eine Kletterhilfe, kann aber dann schnell große Flächen begrünen. Besonders gut macht sie sich auch über Pergolen und Durchgängen.

Brautmyrte *(Myrtus communis)*
Die immergrüne Brautmyrte besitzt viele weiße, intensiv duftende kleine Blüten, aus denen sich schwarze, genießbare Beeren entwickeln. Je nach Standort erreicht sie Höhen zwischen 1,5 und 3 m. Die Brautmyrte benötigt einen gut mit Humus versorgten Boden, verträgt aber auch halbschattigen Stand.

Feigenbaum

Buchsbaum

Buchsbaum *(Buxus sempervirens* var. *arborescens)*
Den Bedingungen in Südeuropa als einheimisches Gehölz angepasst, kann der Buchsbaum sehr vielfältig eingesetzt werden. Trotz seiner idealen Eignung zum Formschnitt kommt er im naturnahen mediterranen Garten frei wachsend am besten zur Geltung. Die glänzenden Blättchen bilden ein dichtes, immergrünes Kleid. Ebenfalls hübsch sind die kleinen gelblichen Blüten des Buchsbaums, wenngleich nicht sehr auffällig. Er kann im Idealfall über 6 m hoch werden, wächst jedoch langsam. Dies prädestiniert ihn für sehr kleine Gärten, Innenhöfe und Dachterrassen. Der absolut frostharte Buchsbaum verträgt auch Halb- oder Vollschatten.

Erdbeerbaum *(Arbutus unedo)*
Eine der wichtigsten Leitpflanzen der Macchie ist der bis zu etwa 10 m hoch wachsende Erdbeerbaum, der seinen Namen den sehr attraktiven, erdbeerähnlichen Früchten verdankt. Für den südlichen Garten ist er ferner durch die weißen, glockenförmigen Blüten, die schöne rötlich-braune Rinde und das immergrüne Blattwerk eine Bereicherung. Der Baum kommt im Grunde ohne Pflege aus. Wässern erübrigt sich bei eingewachsenen Exemplaren ebenfalls. Da die Pflanze manchmal empfindlich auf eine Umpflanzung reagiert, sollte die Standortwahl aber besonders sorgfältig erfolgen.

Feigenbaum *(Ficus carica)*
Bereits in vorchristlicher Zeit aus Vorderasien nach Südeuropa eingeführt, ist die Feige eine der ältesten und sowohl in der antiken Mythologie als auch in der Bibel oft erwähnten Pflanzen. Reizvoll sind der malerische Wuchs, die großen, handähnlich geformten Blätter und die Früchte, die teils sogar mit der Schale verzehrt werden können. Die Feigen der Wildform sind kleiner als die der Zuchtformen, jedoch oft besonders köstlich im Geschmack. Feigen können auch getrocknet oder zu Marmelade verarbeitet werden. Die meist strauchartig wachsende Feige wird in der Regel 5–6 m hoch. Sie gedeiht auch auf ärmsten Böden und benötigt, einmal angewachsen, keinerlei Pflege. Zudem ist sie auch problemlos in etwas raueren Gegenden einzusetzen, an geschützter Stelle ist sie bis etwa -20°C frosthart.

Feigenkaktus *(Opuntia ficus-indica)*
Ursprünglich in Mittelamerika heimisch, findet sich diese sehr dekorative Pflanze heute in Südeuropa vielerorts wild wachsend. Der bis zu 3 m hoch und breit werdende Feigenkaktus kann auch in Küstennähe und unmittelbar am Meer eingesetzt werden. Ist er erst einmal eingewachsen, darf er getrost sich selbst überlassen werden. Bewässerung ist nicht notwendig, sie kann im Gegenteil sogar schaden. Sehr dekorativ, aber auch wohlschmeckend sind die gelb-roten Früchte, die zu mehreren an den Spitzen der abgeplatteten Triebe sitzen.

Granatapfelbaum *(Punica granatum)*
In der Forschung teils als der Apfel Adams und Evas angesehen, wurde die bereits im 3. vorchristlichen Jahrtausend in Ägypten kultivierte Pflanze auch in der Mythologie, so etwa bei Homer, häufig erwähnt. Die glänzend grünen Blätter sind eiförmig-lanzettlich und werden im Winter abgeworfen. Die Blüten sind bei der Wildform orangerot, bei den im Handel angebotenen Sorten teils auch gelb oder weiß. Die oberseitig mit einem krönchenartigen Kelch versehenen Granatäpfel besitzen zahlreiche mit einer ledrigen Schale umschlossene, rote Samen, die sich in einer geleeartigen rötlichen Masse befinden. Die herb-säuerlich schmeckenden Samen werden vor allem zur Herstellung von Säften, Likör, Mixgetränken und Süßspeisen verwendet. Der strauchig wachsende Granatapfelbaum erreicht eine Höhe von bis zu 6 m. Die Sorte 'Nana' bleibt niedriger, sie wächst bis etwa 2 m Höhe und eignet sich somit besonders für kleine Gärten und für Kübelkultur. Das Laub des Granatapfelbaums ist sommergrün; im Austrieb kupferfarben, verfärbt es sich im Herbst wunderschön goldgelb.

Dattelpalme

Mandelbaum

Johannisbrotbaum *(Ceratonia siliqua)*
Ursprüngliche Heimat des Johannisbrotbaums war wohl Arabien und der östliche Mittelmeerraum, von wo aus er sich seit der Antike in viele mediterrane Gegenden ausgebreitet hat. Der immergrüne, sehr trockenheitsresistente Baum wird etwa 8–10 m hoch und wächst breitkronig.

Judasbaum *(Cercis siliquastrum)*
Eine ausgesuchte Kostbarkeit stellt der in Südeuropa und Westasien beheimatete Judasbaum dar, dessen Blüten sich unmittelbar an den Hauptästen bilden. Im Frühjahr entwickelt er vor dem Blattaustrieb eine Fülle rosaner Blüten. Sehr attraktiv ist auch die farblich korrespondierende, purpur-graue Rinde. Der nicht höher als 9–10 m werdende Baum eignet sich auch für kleinere Gärten. Im Handel sind ebenso rot und weiß blühende Sorten erhältlich.

Kanarische Dattelpalme *(Phoenix canariensis)*
Die Kanarische Dattelpalme schmückt seit längerer Zeit die Ziergärten und Straßen des Mittelmeerraums. Sie sollte aufgrund der größeren Attraktivität der echten Dattelpalme *(Phoenix dactylifera)* vorgezogen werden. Besonders wichtig für das Gedeihen der Dattelpalme ist ein warmer, vollsonniger Stand. An dem hohen Stamm älterer Exemplare können starkwüchsige Kletterpflanzen wie etwa die Bougainvillea oder die Trompetenblume emporranken.

Korkeiche *(Quercus suber)*
Dem Portugalreisenden sind die ausgedehnten Korkeichenwälder bekannt, deren Rinde seit langem zur Herstellung von Korkerzeugnissen aller Art genutzt wird. Das charakteristische Rot der geschälten Stämme leuchtet weit durch die Landschaft. Aber auch im Garten ist der immergrüne, bis über 10 m hoch werdende Baum ein wertvolles Leitgehölz. Felsige, durchlässige Böden und volle Sonne sind die nötigen Standortbedingungen.

Lorbeer *(Laurus nobilis)*
Die im Mittelmeerraum seit Tausenden von Jahren eingebürgerte, sowohl in der griechischen Mythologie als auch im römischen Brauchtum mit vielen Bedeutungen besetzte Pflanze hat eine Reihe von Vorzügen. Die Blüten des zweihäusigen Lorbeers bilden dichte gelbe Büschel, aus denen die schwarz glänzenden Beeren entstehen. Die Blätter finden frisch oder getrocknet als Gewürz weithin Verwendung. Als immergrüne Pflanze eignet sich der Lorbeer auch für geschnittene Hecken; ungeschnitten kann er eine Höhe von bis zu 20 m erreichen.

Lorbeer-Schneeball *(Viburnum tinus)*
Der Name dieses nicht mit dem Lorbeer verwandten Schneeballs nimmt Bezug auf seine lorbeerähnlichen, ebenfalls immergrünen Blätter. Er erreicht je nach Standort eine Höhe von 3–6 m. Die überreiche rosa-weiße Blüte sorgt für willkommene Farbtupfer im winterlichen Garten. Der wild in der mediterranen Macchie vorkommende Lorbeer-Schneeball ist besonders auf einen vollsonnigen und gut belüfteten Standort angewiesen. Auf ungenügende Luftzirkulation kann er mit erhöhter Krankheitsanfälligkeit reagieren.

Mandelbaum *(Prunus dulcis)*
Der etwa 3–5 m hohe Mandelbaum prägt einige mediterrane Regionen, so etwa Mallorca, durch seine spätwinterlich mit rosa-weißen Blüten übersäten Kronen. Der Laubaustrieb beginnt erst nach Einsetzen der Blüte. Bis zum Spätsommer entwickeln sich die Mandeln, die mit Netzen aufgefangen werden. Mandelbäume sind für südliche Pflanzen allerdings relativ lange unbelaubt und sollten daher am besten mit immergrünen Gehölzen wie zum Beispiel Lorbeer und Zypresse vergesellschaftet werden. Der Mandelbaum nimmt mit sehr nährstoffarmen Substraten vorlieb und verträgt durchaus auch stärkeren Frost (bis etwa -15°C).

Oleander

Margerite

Olivenbaum

Margerite *(Euryops pectinatus)*
Im Charakter nicht unähnlich der Strauchmargerite, wird dieser volle Sonne und Trockenheit liebende, etwa 1–1,5 m hoch werdende Kleinstrauch gerne für Gefäßkultur verwendet, wirkt aber auch ins Erdreich ausgesetzt sehr dekorativ. Da die Pflanze sehr frostempfindlich ist, sollte sie aber nur in sehr milden Regionen ausgepflanzt werden. Das ganzjährig an der Pflanze verbleibende Laub ist silbrig-grau, die ausdauernden Blüten sind intensiv gelb. Um ein Verkahlen zu verhindern, können die jungen Triebe regelmäßig zurückgeschnitten werden.

Schwarzer Maulbeerbaum *(Morus nigra)*
Der Maulbeerbaum ist ein bereits in der Antike im südeuropäischen Raum angebauter, bis etwa 12 m hoch werdender Baum oder Strauch mit brombeerähnlichen, dunkelroten, essbaren Früchten. Attraktiv sind auch die scharf gezähnten Blätter, die im Winter abgeworfen werden.

Mispel *(Mespilus germanica)*
Der botanische Name dieses etwa 6 m hoch werdenden Strauchs täuscht etwas darüber hinweg, dass die Mispel ursprünglich aus Vorderasien stammt und bereits in der Antike im südeuropäischen Raum angebaut wurde. Die Mispel entfaltet im Frühjahr einfache, weiße Blüten. Die daraus entstehenden Früchte sind nach Frosteinwirkung essbar. Besonders dekorativ wirken die bis 15 cm langen Blätter. Die Mispel toleriert ohne Probleme Temperaturen bis -20°C.

Ölweide *(Elaeagnus angustifolia)*
Das silbrig-grüne Blatt der Ölweide erinnert an den Olivenbaum. Neben der silbrigen Rinde der 6–7 m Höhe erreichenden Pflanze sind die gelben im Frühjahr erscheinenden Blütlein und die sich daraus entwickelnden gelblich-weißen Früchte äußerst dekorativ. Meist findet man die Ölweide als kleinen Baum. Die Zweige tragen lange, spitze Dornen. Als Unterpflanzung sind grau-grün beblätterte Pflanzen wie Santolina besonders zu empfehlen. Die Ölweide ist auf leichtesten Böden, wegen ihrer guten Salzverträglichkeit auch in unmittelbarer Meeresnähe einzusetzen. Eine Bewässerung sollte vermieden werden. Fröste bis etwa -20°C können der Pflanze nichts anhaben.

Oleander *(Nerium oleander)*
Oleandersträucher gedeihen fast überall in Südeuropa. Selbst auf trockensten Standorten entfalten sie ab dem späten Frühjahr eine lang dauernde Blütenpracht, da ihre tief hinabreichenden Wurzeln immer irgendwo Wasser finden. Wassergaben benötigen sie lediglich im ersten Jahr nach der Pflanzung, bevor die Pflanze ganz eingewachsen ist. Oleander blühen meist karminrot, rosa oder weiß. Vorsicht ist insofern geboten, als alle Teile der Pflanze sehr giftig sind. Insbesondere bei Kübelkultur und ungenügender Luftzirkulation sind Oleander anfällig für den Befall durch Schildläuse.

Olivenbaum *(Olea europaea* var. *europaea)*
Glücklich kann sich schätzen, wer einen oder mehrere ältere Olivenbäume auf seinem Grundstück vorfindet; die unverwechselbare knorrige Wuchsform eines lange kultivierten Olivenbaums ist eine Zierde für jeden südlichen Garten. Die auf der Vermehrung durch Veredlung beruhende Varietät bringt im Gegensatz zur Wildform größere, wohlschmeckende Oliven hervor. Die Früchte reifen im Winter und werden bei der Ernte mit Netzen aufgefangen. Fachgerechter Schnitt fördert die Fruchtbildung. Die zahlreichen kleinen, lanzettlichen Blättchen besitzen eine reizvolle silbrig grau-grüne Farbe; gute Partner mit ähnlicher Blattfarbe zur Unterpflanzung sind Salbei und Lavendel. Olivenbäume erreichen eine Wuchshöhe von etwa 5–6 m.

Palmlilie

Pelargonie

Pinie

Platane

Palmlilie *(Yucca)*
Die immergrünen Palmlilien tragen imposante, weiße Ährenblüten und besitzen sehr dekorative, lang-lanzettliche Blätter. Sie brauchen vollsonnigen Stand und sind sehr trockenheitsverträglich. *Yucca gloriosa* erreicht eine Höhe von bis zu 3 m. Die bis 150 cm hoch werdende Stauden-Palmlilie *Yucca filamentosa* ist unempfindlich gegen Frost.

Pelargonie *(Pelargonium)*
Die landläufig als Geranien bezeichneten, aufrecht wachsenden oder hängenden Arten der Pelargonie (*P. zonale* und *P. peltatum)* eignen sich perfekt für den pflegeleichten Garten im Süden. Selbst in der ausgedörrten Hochsommerlandschaft der griechischen Inselwelt finden sich überreich blühende, bis 2 m hohe und ebenso breite frei wachsende alte Exemplare von *Pelargonium zonale*. Wassergaben sind nur bei Topfkultur, ansonsten lediglich in der Zeit nach der Pflanzung nötig; regelmäßiges Gießen kann Freilandpflanzen sogar schaden. Berühmt sind die Innenhöfe Andalusiens, insbesondere Cordobas, mit ihrem reichen Pelargonien-Schmuck. Blütenfarben dieser Arten sind Lila, Violett, Rot, Rosa oder Weiß. Eine Besonderheit der Gattung sind die Duft-Pelargonien, die meist in Hellviolett, Hellrosa oder Weiß blühen; ideal ist hier ein Standort an Durchgängen, wo man beim Vorbeigehen den intensiven Duft der Blätter nach beispielsweise Zitrone, Ananas, Zimt und Rosen genießen kann. Aufgrund ihres zurückhaltenden Wuchses eignet sich die Pelargonie sehr gut für Gefäßkultur und für kleinste Dachterrassen und Balkone.

Pfeifenstrauch *(Philadelphus coronarius)*
Als heimische Mittelmeerpflanze ist der 3–4 m hoch werdende Pfeifenstrauch auch mit ärmeren, zeitweise austrocknenden Böden und geringer Luftfeuchtigkeit zufrieden. Im Frühjahr erscheint eine Vielzahl weißer, duftender Blüten. Da der Pfeifenstrauch am mehrjährigen Holz blüht, sollte sich der Schnitt auf das Auslichten überalterter Triebe beschränken (etwa alle 3-4 Jahre). Die Belaubung bleibt lange grün.

Pinie *(Pinus pinea)*
Die Pinie ist sicherlich einer der am meisten verbreiteten und bekanntesten Bäume des Südens. Besonders ausgedehnte Bestände finden sich an den Küsten. Pinien sind trockenheitsverträglich, lieben aber besonders Standorte mit hoher Luftfeuchtigkeit und tiefgründigen, sandigen sowie kalkhaltigen Böden. Pflanzt man sie auf dem eigenen Grundstück, sollte man einen hervorgehobenen Platz wählen und genügend Abstand (etwa 10 m) zu anderen Großbäumen lassen. Die schirmförmige Krone, der etwas knorrige Wuchs und die rötliche Rinde werten jeden Garten auf. Alle vier Jahre können zudem die wohlschmeckenden weißlichen Kerne der Pinienzapfen (italienisch pinioli) geerntet werden. Eine andere Vertreterin der Gattung, *Pinus pinaster* – die Strandkiefer –, findet sich praktisch ausschließlich in küstennahen Regionen.

Platane *(Platanus)*
Für südliche Gefilde eignen sich zwei Arten: neben der auch in kälteren Klimaten häufig als Alleebaum eingesetzten ahornblättrigen Platane *(P. x acerifolia)*, die über 30 m hoch wird, ist insbesondere die aus Asien stammende, bis etwa 20 m Höhe erreichende Morgenländische Platane *(P. orientalis)* zu empfehlen. Die großen, zugespitzten Blätter, die denen des Spitzahorns ähneln, und die grau-grüne, stückig abblätternde Rinde machen den Baum fast unverzichtbar für den Garten im Süden. Durch den oft in geometrischen Gärten oder auf Plätzen durchgeführten Formschnitt der Krone kann die Wuchshöhe begrenzt werden. Jedoch erfordert dies Spezialkenntnisse, ist alljährlich auszuführen und sehr arbeitsintensiv. Günstiger ist es, die Platane auf größeren Flächen, etwa entlang von Auffahrtsalleen oder als Mittelpunkt von Sitzplätzen zu pflanzen und ungeschnitten wachsen zu lassen. Die junge Pflanze sollte regelmäßig gegossen werden. Insbesondere *P. x acerifolia* ist völlig frosthart.

Quitte

Rosmarin

Spargel

Trompetenblume

Echte Quitte *(Cydonia oblonga)*
Die viel zu wenig bekannte, wohl zuerst in Asien vorkommende und zunächst nach Griechenland beziehungsweise Kreta eingeführte Pflanze entwickelt sich je nach Sorte zu einem Strauch oder Baum von 3–5 m Höhe; sowohl ihre rosa-weißen, im Frühjahr erscheinenden Kelchblüten als auch ihre intensiv gelben, apfel- oder birnenförmigen Früchte sind ein wertvoller Schmuck. Die junge Pflanze sollte im Hinblick auf optimalen Ertrag einen Aufbauschnitt erhalten, kann später aber seltener geschnitten werden. Dann genügt ab und an ein Auslichten, um die Krone besser zu belichten. Bei einigen strauchig wachsenden Sorten sollten alle paar Jahre ein Teil der Wurzelausläufer entfernt werden, damit sich die vorhandenen Äste besser entwickeln und die herbstliche Last der Früchte tragen können. Fröste bis -20°C toleriert die Quitte ohne Probleme.

Rosmarin *(Rosmarinus officinalis)*
Sowohl wild wachsend als auch in Gärten weit verbreitet, liefern die aromatisch duftenden, nadelförmigen Blättchen des Rosmarins gleichzeitig eines der wichtigsten Gewürze der mediterranen Küche. Die Blütenfarbe ist meist hellblau, aber auch weiße und hellrosa Exemplare kommen immer wieder vor. Rosmarinbüsche sollten nicht nur einzeln im mediterranen Gewürzgarten, sondern ruhig in größeren Gruppen, etwa als Begleitpflanzung von Bäumen, oder in lockerer Reihe entlang von Wegen gepflanzt werden. Vor allem auf felsigen und küstennahen Standorten gedeiht oft die kriechende Form des Rosmarins. Rosmarin ist empfindlich gegen nasse Böden. Ein Rückschnitt ins Altholz sollte unterbleiben. Im Gegensatz etwa zum Gewürzsalbei ist der Rosmarin recht frostempfindlich.

Spargel *(Asparagus)*
Der in der mediterranen Garrigue und Macchie wild wachsende Spargel weist einen attraktiven Wuchs und hübsche weiße Blüten auf. Besonders zu empfehlen ist die etwa 2 m hoch werdende, rankende Art *A. acutifolius.*

Steineiche *(Quercus ilex)*
Im mediterranen Hartlaubwald der vorantiken Zeit spielte die Steineiche eine dominierende Rolle. Durch Abholzung bis heute stark dezimiert, ist sie trotzdem nach wie vor einer der wichtigsten mediterranen Großbäume. Sie kann eine Höhe von bis zu 25 m erreichen und kommt auch aufgrund ihres breitkronigen Wuchses nur für große Gärten und Parks und an denjenigen Stellen in Betracht, wo ihr großer Schatten nicht stört. Neben den hübschen Früchten (Eicheln) ist insbesondere auf ihr immergrünes Blattwerk hinzuweisen. Die Steineiche bevorzugt Böden mit einem ph-Wert von 6,5.

Strauchmargerite *(Chrysanthemum frutescens)*
Die bis etwa 1,5 m hohe Strauchmargerite wächst im südeuropäischen Freiland größer und noch attraktiver als in Gefäßkultur. Ihre reiche und dauerhafte Blüte und die gezähnten, grau-grünen Blättchen machen sie zu einem vielseitigen Partner. Ein besonders natürliches Erscheinungsbild besitzt die Pflanze als Strauch; für die Gefäßkultur kommen auch Stämmchen in Betracht. Neben weiß blühenden Exemplaren mit gelber Mitte gibt es auch gelbe Varianten.

Trompetenblume *(Campsis radicans)*
Die sommergrüne Trompetenblume, die ursprünglich in Nordamerika vorkam, ist eine der am weitesten verbreiteten und gleichzeitig starkwüchsigsten Kletterpflanzen Südeuropas. *C. radicans* erreicht eine Höhe von über 10 m und eignet sich damit vor allem zur Begrünung großer Flächen und zur Berankung hoher Baumstämme. Die zahlreichen Glockenblüten sind leuchtend orange-rot. An Mauern braucht die Pflanze eine Kletterhilfe. Für eine Beschattung des Wurzelbereichs ist die Trompetenblume dankbar.

Echter Wein

Winde

Zistrose

Waldrebe *(Clematis)*
Obgleich vor allem die aus Asien stammenden Clematis bekannt sind, haben einige Arten ihren Ursprung in Südeuropa. Besonders für kleine Gärten eignet sich die weiß blühende *C. cirrhosa*, die nur eine Höhe von 2–3 m erreicht. Die Blüten der Varietät *C. balearica* sind purpurfarbig gefleckt. *Clematis cirrhosa* bevorzugt gemäßigte Gebiete mit höherer Luftfeuchtigkeit, insbesondere in Küstennähe. Deutlich starkwüchsiger und damit auch zur Begrünung größerer Flächen geeignet ist *C. flammula*, die mit ihren weißen Blüten einen intensiven Duft verströmt. Eine besonders große Trockenheitsresistenz zeigt die bis zu etwa 5 m hoch werdende *Clematis orientalis*. Ihre gelben Glockenblüten bilden einen attraktiven Schmuck. Alle Clematis können bei Bedarf bis auf etwa 50 cm über dem Erdboden zurückgeschnitten werden. Dies fördert, von Zeit zu Zeit durchgeführt, den Neuaustrieb und die Blütenbildung. Clematis benötigen an Mauern eine Kletterhilfe. Der Wurzelbereich sollte beschattet werden, am günstigsten durch großblättrige Stauden mit geringem Nährstoffbedarf.

Echter Wein *(Vitis vinifera)*
Dass der Wein in Südeuropa schon seit Jahrtausenden kultiviert wird, ist hinlänglich bekannt. Er eignet sich im mediterranen Garten mit einer Kletterhilfe zur Begrünung von Wänden, aber vor allem als grünes Dach über Pergolen und Laubengängen. Das einjährige Fruchtholz sollte jedes Jahr stark auf zwei bis vier Augen zurückgenommen werden, um Wachstum und Fruchtbildung zu fördern. Empfehlenswert ist die Pflanzung jeweils üblicher Regionalsorten; je nach Vorliebe kann man Wein- oder Tafeltrauben anpflanzen. Pflanzen mit blauen Trauben eignen sich sehr gut etwa zur Pflanzung neben Quittenbäume.

Winde *(Convolvulus)*
Weitere sehr attraktive Kletterpflanzen sind die Winden. Die violett blühende *Pharbitis leavii* kommt in Südeuropa wild vor, ist aber auch eine sehr attraktive Kletterpflanze für den Garten. Die wohl schönste Vertreterin der Gattung *Convolvulus* ist die hell violett blühende, immergrüne *C. sabatius*, die am besten als Bodendecker oder Hängepflanze eingesetzt wird. Winden sollten wegen ihres starken Wuchses Platz zur Entfaltung haben oder in Töpfe gepflanzt werden.

Zistrose *(Cistus ladanifer)*
Diese typische, immergrüne Macchien-Pflanze kann als Eintagsfliege des Pflanzenreichs bezeichnet werden; ihre meist rosa-hellvioletten, aber auch roten oder weißen Blüten zeigen sich nur einen Tag. Da sich aber ständig neue Blüten öffnen, erhält sich die Farbenpracht vom späten Frühjahr bis in den Sommer. Reizvoll ist auch die grau-grüne Blattfarbe. Bei der Wahl des Standorts sollte auf gute Belüftung geachtet werden. Da der – übrigens nicht mit der Rose verwandte – Kleinstrauch nur 1–2 m hoch wird, lässt er sich auch sehr gut in Gruppen zu mehreren pflanzen, etwa als Begleitpflanzung von Erdbeerbaum oder Steineiche oder zusammen mit Lavendel und Rosmarin.

Zwergpalme *(Chamaerops humilis)*
Die in Südeuropa wild vorkommende Zwergpalme eignet sich hervorragend als Blickfang im mediterranen Staudenbeet, ist aber auch eine gute Kübelpflanze. Ihr geringer Platzbedarf trägt ebenfalls zur Vielseitigkeit dieser Palme bei. Neben ihren cremeweißen, im Frühjahr erscheinenden Blüten zieht die Pflanze auch mit ihren malerischen Fächerblättern die Blicke auf sich. Die Blattstiele tragen Dornen. In den Erdboden gesetzte Exemplare brauchen nach dem Einwachsen unter normalen Bedingungen keine Wassergaben, in Kübelkultur muss sehr vorsichtig gegossen werden.

Zypresse

Hibiskus

Orangenbaum mit Palme

Zypresse *(Cupressus sempervirens)*
Die säulenförmige, bis etwa 20 m hoch werdende Echte Zypresse gehört sicherlich zu den bekanntesten Bäumen des Mittelmeerraumes. In Italien, besonders der Toskana, und anderen Ländern Südeuropas ist sie seit der Antike ein nicht wegzudenkender Bestandteil der Landschaft geworden; ursprünglich war die Pflanze in Griechenland und Westasien beheimatet. Eine Pilzkrankheit hat die Bestände in jüngster Zeit etwas dezimiert, jedoch sollte man die wunderschöne Pflanze ruhig dennoch für den eigenen Garten auswählen. Besonders wirkt die Zypresse als Betonung hervorgehobener Plätze, zu zweien an Ein- oder Durchgängen oder als Allee.

Einige Spezialisten unter den Gehölzen haben besondere Ansprüche an Klima und Boden. So darf man etwa auch im mediterranen Raum nicht den Fehler begehen, die kälteempfindlichen Zitruspflanzen ins Freie zu setzen oder als Kübelpflanze winters draußen stehen zu lassen, denn bereits bei Temperaturen um den Gefrierpunkt kann es hier zu Erfrierungen kommen. Dies gilt auch für mildere Gegenden wie die Region der oberitalienischen Seen. Ohne Bedenken ins Freie pflanzen kann man seine Zitronen-, Orangen- oder Mandarinenbäume dagegen in den meisten Gebieten Südspaniens, Portugals und Süditaliens. Teils finden sich in manchen Gärten noch Vertreter alter, widerstandsfähiger Regionalsorten, die in jedem Fall bewahrt und nach Möglichkeit weiter kultiviert werden sollten.
Seit kurzem sind zudem neue, sehr kälteresistente Züchtungen im Handel, die auch Temperaturen bis -20°C überstehen sollen. Besonders, wenn eine gute Ernte eingebracht werden soll, bedürfen Zitrusgewächse allerdings ausreichender Wassergaben, sind also für den pflegeleichten Garten die falsche Wahl.
Der ebenfalls immergrüne Klebsame *(Pittosporum)*, der auch lichten Schatten verträgt, ist für humose und tiefgründige, jedoch ausreichend durchlässige Böden dankbar. Die mit sehr dekorativen Blättern ausgestattete Wollmispel *(Eryobotrya deflexa)* liebt kühlen, nicht austrocknenden Boden. Im mediterranen Raum nicht heimische, aber in dortigen Gärten sehr oft zu sehende Gehölze sind der aus Ostasien stammende Hibiskus *(Hibiscus rosa-sinensis)* und die Hortensie (vor allem *Hydrangea macrophylla)*, die beide kühle, ausreichend feuchte Böden mit guter Humus- und Nährstoffversorgung brauchen.
Die Hortensie sollte immer im Schatten eines Baumes oder einer Mauer gepflanzt werden.
Neben Bäumen und Sträuchern stehen für die Gestaltung des südlichen Gartens auch eine ganze Reihe mediterraner Stauden, teils auch so genannte Halbsträucher und ein- beziehungsweise zweijährige Pflanzen zur Auswahl, von denen die wichtigsten hier aufgeführt werden:

Affodill *(Asphodelus aestivus)*
Die imposanten Blütenstände des Affodill, die auf einem etwa 1 m langen Stiel sitzen und meist schon im Spätwinter erscheinen, weisen zahlreiche weiße, sternartige Einzelblüten auf. Dekorativ sind auch die lang lanzettlichen, blaugrünen Blätter, die allerdings im Sommer einziehen. Mit der vor allem auf mageren, felsigen Weiden vorkommenden, sich leicht durch Selbstaussaat ausbreitenden Pflanze kann man wunder-

Heiligenblume

Hornkraut

Lavendel

bare blühende Wiesen schaffen. In kleineren Gärten sollte die Ausbreitung durch Wegnehmen der verwelkten Blüten eingeschränkt werden.

Diptam *(Dictamnus fraxinella)*
Diese etwa 80 cm hohe Staude besitzt rosafarbene oder weiße Blüten. In Wuchshöhe, Ansprüchen und Blütenfarbe harmoniert der Diptam gut mit der Rosenpappel *(Malva alcea)* und der Ochsenzunge *(Anchusa italica)*.

Gamander *(Teucrium chamaedrys)*
Die buschig wachsende, etwa 30 cm hohe Staude trägt im Spätfrühling oder Frühsommer viele hübsche, weiße oder violette Scheinährenblüten. Das Laub ist immergrün. Der Gamander kann sehr gut als (nicht wuchernder) Bodendecker eingesetzt werden.

Niedrige Glockenblume *(Campanula)*
Die im mediterranen Raum wild vorkommenden Arten der Niedrigen Glockenblume *(vor allem Campanula garganica und C. carpatica)* bevorzugen felsige, kalkhaltige Böden in halbschattiger Lage. *C. carpatica* mag bei ausreichender Bodenfeuchtigkeit auch volle Sonne. Regelmäßiges Gießen ist zu empfehlen. Die hell violettblauen Blüten erscheinen ab Mai. Die Wuchshöhe beträgt nur 15–25 cm; die Pflanzen lassen sich hervorragend als nicht wuchernde Bodendecker einsetzen.

Halskraut *(Trachelium caeruleum)*
Die sehr unkomplizierte, 70–80 cm hoch werdende Staude gedeiht sowohl in der Sonne als auch im Schatten. Ihre großen violett-blauen Blüten sind sehr dekorativ.

Heiligenblume *(Santolina chamaecyparissus)*
Die kleinen hell- oder orangegelben Blütenköpfchen der mediterranen Heiligenblume und ihr grau-grünes Blatt passen besonders gut zu Salbei, Lavendel, Rosmarin, Olivenbaum oder Ölweide. Zur Förderung einer buschigen Wuchsform sollte die etwa 50 cm hoch werdende Pflanze jährlich im Winter zurückgeschnitten werden, wobei aber das Altholz zu schonen ist. Kalkhaltige oder kalkreiche Böden sind ideal.

Hornkraut *(Cerastium tomentosum)*
Auf kiesigen, steinigen Flächen und durchlässigen Böden fühlt sich das aus Süditalien stammende Hornkraut besonders wohl. Die kleinen weißen Blüten erscheinen im späten Frühjahr. Das hübsche silbergraue Laub der Polsterstaude ist immergrün. Das Hornkraut bildet dichte Teppiche, sollte aber Platz zur Ausbreitung haben.

Königskerze *(Verbascum)*
Die Arten der Gattung Verbascum zeichnen sich durch ihren aufrechten, kerzenartigen Wuchs, ihr auffallendes graues Blatt und ihre gelbe Blütentraube aus. Sie überdauern meist nur zwei bis drei Jahre, säen sich aber leicht aus. Am imposantesten ist die bis 2 m hoch werdende Art *V. olympicum*.

Lavendel *(Lavandula)*
Der wild meist in der Macchie oder Garrigue vorkommende Lavendel, ein an der Basis verholzender Halbstrauch, gehört zu den beliebtesten und verbreitetsten Pflanzen mediterraner Gärten. Am robustesten ist der Echte Lavendel *Lavandula angustifolia*, der im Handel mit verschiedenen Sorten angeboten wird. Sehr reizvoll sind auch der Gefiederte Lavendel *(Lavandula multifida)* und der Schopflavendel *(Lavandula stoechas)*. Die Farbtöne der verschiedenen, ab Juni blühenden Arten und Sorten reichen von hellblau-violett bis zu dunklem Violett; teils sind auch weiß blühende Vertreter zu finden. Neben den aromatischen Blüten, die unter anderem zur Produktion von Parfüms und für Duftsäckchen Verwendung finden, besitzen auch die attraktiven, grau-blauen Blättchen hohen Zierwert. Lavendel eignet sich sowohl für großflächige, landschaftsnahe Pflanzung als auch für die Verwendung in der Stauden- oder Gehölzrabatte. Lavendel braucht unbedingt einen vollsonnigen Standort mit tiefgründigem, lockerem, zeitweise austrocknendem Boden und gibt sich mit geringem Humus- und Nährstoffgehalt zufrieden. Nicht düngen, nur selten gießen!

Ochsenzunge *(Anchusa italica)*
Die blauen, auf einem 1 m hohen Stiel sitzenden Rispenblüten der Ochsenzunge sind ebenso

Salbei

Spornblume

Schmucklilie

attraktiv wie ihre lanzettlich geformten, langen Blätter. Die Staude eignet sich am besten zur Pflanzung in hinterer Reihe, etwa in Nachbarschaft zur Königskerze.

Rosenpappel *(Malva alcea)*
Die trockenheitsliebende Malvenart überdauert meist nur zwei bis drei Jahre, samt sich aber auf durchlässigen, kalkhaltigen Böden leicht aus. Die Blütenfarbe ist rosa oder violett.

Salbei *(Salvia)*
Die aromatisch duftenden, als Gewürz verwendeten Blättchen des Gewürzsalbeis *(Salvia officinalis)* sollten eigentlich in jedem mediterranen Garten ihren aromatischen Duft verströmen dürfen. Der etwa 1 m hoch werdende Halbstrauch zeichnet sich wie die meisten übrigen Salbei-Arten durch eine grau-grüne Blattfarbe und meist hell violette Blüten aus. Der Echte Salbei ist zudem auch eine vielfach eingesetzte Arzneipflanze. Die ebenfalls im Mittelmeerraum beheimatete Art *S. fruticosa* bleibt niedriger und eignet sich besonders für die Befestigung steiniger Hanglagen.
Beide Salbei-Arten können und sollten jährlich im Winter zurückgeschnitten werden; dabei dürfen jedoch nur junge, vorjährige Triebe gekürzt werden. Eine im Süden oft mehrjährige oder sich selbst aussamende, wunderschöne Vertreterin ihrer Gattung ist *Salvia sclaerea*, die über 1 m hoch werden kann und für Salbei ungewöhnliche rosa-weiße Blüten besitzt.

Schleifenblume *(Iberis)*
Die niedrige Schleifenblume, die botanisch ein Zwergstrauch ist, ziert mediterrane Trockengärten durch ihre zahlreichen, meist weißen oder hell violetten bis rosafarbenen Trugdolden und ihr immergrünes Blatt. Sie blüht in der Regel zweimal im Jahr, im Frühjahr und im Spätsommer. Kalkhaltige Böden fördern das Gedeihen. Die Art *I. saxatilis* ist mit etwa 10 cm Höhe besonders niedrig, *I. sempervirens* wird immerhin bis 30 cm hoch.

Schmucklilie *(Agapanthus)*
Das lang-lanzettlich geformte Laub und die auf langen Stielen sitzenden Doldenblüten machen die südafrikanische Kostbarkeit zu einer der schönsten mediterranen Gartenpflanzen. Die Gesamthöhe der Pflanze liegt je nach Art und Sorte zwischen 50 cm *(A. africanus)* und 1 m *(A. praecox)*. Es existieren sowohl immer- als auch sommergrüne Arten. Bis die Pflanze eingewachsen ist, ist sie für regelmäßiges Gießen dankbar, danach jedoch durchaus trockenheitsverträglich. Um mit der Zeit ausgedehnte Schmucklilien-Bestände zu erhalten, kann man den Wurzelstock nach der Blüte teilen und die abgestochenen Wurzelpartien andernorts wieder einpflanzen. Eine Pflanze sollte nicht öfter als alle 2–3 Jahre geteilt werden, um ihr Zeit zur Bildung neuer Wurzeln zu geben; umgepflanzte Exemplare benötigen zudem meist ein bis zwei Jahre, ehe Blüten gebildet werden. Am Rand von Sitzplätzen, in der Nähe von Wasserbecken und als Begleitpflanzung von Bäumen (etwa zusammen mit Perovskien) kommt die Schmucklilie am besten zur Geltung.

Schwertlilie *(Iris)*
Die im mediterranen Bereich weit verbreiteten Schwertlilien sind majestätische Erscheinungen mit lilienähnlichen Blüten und schwertförmigen, blau-grünen Blättern. Am beliebtesten ist die etwa 90 cm hoch werdende Art *Iris barbata-elatior* mit ihren Sorten, die in zahlreichen Farbtönen von Weiß und Gelb über Rosa bis Rot, Violett und Blau angeboten werden. Volle Sonne und durchlässige, auch austrocknende Böden sind Bedingung, eine gute Nährstoffversorgung ist von Vorteil.

Schwertlilie

Thymian

Silberährengras *(Lasiagrostis calamagrostis)*
Das vom Sommer bis zum Herbst wunderschön gelblich-weiß blühende, überhängend wachsende Silberährengras wird etwa 80 cm hoch. Es braucht vollsonnigen Stand und toleriert austrocknende Böden.

Spornblume *(Centranthus ruber)*
Eine sich in durchlässigen, trockenen Böden schnell ausbreitende Staude, die rosafarbene oder weiße Blüten besitzt. Sie wird etwa 60 cm hoch und ist auch hervorragend zur Bepflanzung von Trockenmauer-Fugen geeignet. Zur Förderung der Nachblüte werden die alten Blüten entfernt.

Steinsame *(Lithospermum purpureo-caeruleum)*
Wer nach einem schattenverträglichen Flächendecker mit hübscher Blüte sucht, wird mit dem Steinsame sicherlich sehr zufrieden sein. Die bis etwa 30 cm hoch werdende Staude besitzt anfangs rote, dann sich zu Blau verfärbende Blüten, die im späten Frühjahr bis Frühsommer erscheinen. Zu empfehlen ist der Steinsame ganz besonders als Flächendecker unter Steineichen, da das darunter vorzufindende saure Bodenmilieu den Ansprüchen der Staude sehr entgegen kommt.

Thymian *(Thymus)*
Der Echte Thymian *(Thymus vulgaris)* ist nicht nur eine wichtige Gewürzpflanze, sondern auch eine sehr attraktive Blütenstaude, die besonders gut zwischen Steinen eingesetzt werden kann. Die Blüten des etwa 30 cm Höhe erreichenden Thymians sind violett. Der kriechende Feldthymian *(Thymus serpyllum)* kann zur Begrünung von Plattenfugen gepflanzt werden.

Traubenhyazinthe *(Muscari armeniacum)*
Die Traubenhyazinthe ist eine ausgesprochen hübsch blühende, niedrige Zwiebelpflanze mit blauen oder weißen Traubenblüten. Die Pflanze dankt nährstoffreiche und sogar lehmige Böden.

Wicke *(Lathyrus odoratus)*
Diese kletternde Pflanze stammt ursprünglich aus Italien. Sie wird aus Samen gezogen und bringt in einem Jahr bis zu 3 m lange neue Triebe hervor, die man an Zäunen oder am Geäst von größeren Büschen entlang ranken lassen kann. Der Duft der Wicke ist betörend süß, ihre Blütenfarben sind Weiß, Rosa, Rot oder Violett. Auch lichter Schatten wird noch vertragen. Nährstoffreiche Böden sind von Vorteil.

Wolfsmilch *(Euphorbia)*
Die verschiedenen kaum über 40 cm hohen Arten der Wolfsmilch sind im Mittelmeerraum weit verbreitet. Meist im Frühjahr blühend, zieht besonders die Walzenwolfsmilch *(Euphorbia myrsinites)* die Blicke durch ihre blaugrünen, an fleischigen Trieben sitzenden immergrünen Blätter und ihre in dichten Blütenständen angeordneten gelben Einzelblüten auf sich.

Über den Klippen der Caldera

Ein altes Kapitänshaus auf Santorin

Linke Seite: Von der Terrasse seines Anwesens genießt Evangelos Rigas den Blick auf das Meer und auf die Steilküste bei Fira.
Rechts oben: Ansicht des Städtchens Fira mit dem – sich über fünf Ebenen erstreckenden – Anwesen von Evangelos Rigas (erkenntlich am pastellfarbigen Anstrich).
Mitte: Blick von einer der zahlreichen Terrassen auf die Vulkan-Caldera mit den Nachbarinseln Palea Kameni und Nea Kameni.
Unten: »Kaffeehaus« (oben) mit Aussichtsterrasse und darunter befindlicher Loggia. Überall gliedern die typischen, weißen oder pastellfarbenen Mäuerchen die Räume.

Die Inseln der griechischen Ägäis sind uralte Schauplätze der Mythologie, an denen man die antike Vergangenheit überall spürt. Dies gilt ganz besonders für Santorin, das in der Forschung heute überwiegend als das sagenumwobene Atlantis angesehen wird. Der Untergang von Atlantis wird von Archäologen mittlerweile mit dem ungeheuren Vulkanausbruch und Erdbeben gleichgesetzt, das um 1600 v. Chr. die auf Santorin ansässige minoische Zivilisation vernichtete und die Insel regelrecht entzwei sprengte. Dabei entstand die heutige, halbmondartige Gestalt der Hauptinsel, das übrige Festland versank im Meer. So entstand auch das wunderbare Relief mit der Schwindel erregend schroff ins Meer abfallenden Felsenküste, an der heute die größten Orte der Insel liegen.
Der Hauptort Fira lebte lange Zeit von seinem geschützten Hafen und den regen Handelsbeziehungen im Mittelmeer. Schiffskapitäne gehörten hier zur Spitze der Gesellschaft. Während die ärmere Bevölkerungsschicht, die meist als Schiffsbesatzung arbeitete, in Hafennähe und im unteren Bereich der Küste wohnte, wurden die Häuser der Schiffsführer, die so genannten Kapitänshäuser *(capetanospito)*, weit oben in den Hauptgassen erbaut.
Die über mehrere Generationen reichende Schifffahrtstradition der Familie des Hausherrn Evangelos Rigas war es auch, die ihn dazu bewog, nach einer Jahrzehnte dauernden Odyssee in sein Elternhaus auf Santorin zurückzukehren. Nach einem Kunststudium in Athen, einem anschließenden Schifffahrtsstudium und vielen Berufsjahren schloss sich vor einigen Jahren der Kreis. In seinem renovierten

Die Räume des Eigentümers und der Gäste sind im gleichen, erlesenen Niveau eingerichtet. Die auf Santorin gefertigte Holzbank rechts stammt aus dem 18. Jahrhundert, Tisch und Stühle wurden gemäß der lokalen Handwerkstradition nach den Entwürfen Evangelos Rigas' von einem Schreiner neu gefertigt.

Anwesen wohnt Evangelos nicht nur selbst, sondern er hat hier auch mehrere wunderschöne Appartments eingebaut; im zugehörigen Café und auf der Aussichtsterrasse sind seine eigenen Gemälde und Skulpturen ausgestellt.
Der Komplex besteht aus fünf übereinander angeordneten Ebenen, von denen die obersten vier bereits renoviert und eingerichtet sind; das unterste Geschoss soll in nächster Zeit folgen. Mit Ausnahme des heutigen Cafés sind die übrigen Gebäude teilweise in das Vulkangestein hineingebaut. Dies folgt der Bautradition Santorins, die nach ihrem räumlichen Konzept drei verschiedene Grundtypen von Gebäuden unterscheidet: ganz in den Felsen, halb im Felsen und ganz außerhalb gebaut. Für alle drei Varianten finden sich Beispiele in Evangelos Rigas' Anwesen. Die ganz oder zu Teilen in den Felsen gebauten Häuser besitzen Tonnengewölbe, wie man sie überall auf Santorin findet. Traditionell wurde stets mit kleinen Ein-bis-Zwei-Zimmer-Häusern begonnen, die dann zu den Seiten und nach oben oder unten erweitert wurden, so entstand im Lauf der Zeit auch der Komplex des heutigen Cori Rigas Art Cafés.
Als sich Evangelos Rigas im Jahr 1994 entschloss, sein elterliches Anwesen wieder herzurichten und mit Leben zu füllen, sah es nach über dreißigjährigem Leerstand zunächst sehr mitgenommen aus. An vielen Stellen war der Putz abgebröckelt, teils waren die Mauern ganz zerstört. Schwieriger als gedacht gestaltete sich auch die Suche nach Handwerkern, für die traditionelle Techniken und Materialien kein Buch mit sieben Siegeln waren. Mit Hilfe eines jungen Architekten aus Oia, Ilias Apostolidis, gelang es Evangelos aber, die alte Substanz zu bewahren und wo notwendig mit traditionellen, gebrauchten Materialien zu sanieren. Hier wurde nichts betoniert, nicht einmal mit Tonziegeln gearbeitet, sondern es kam ausschließlich das auf der Insel vorkommende rote und schwarze Vulkangestein zum Einsatz. Die mächtigen 80 bis 110 cm starken Mauern bieten optimalen Schutz vor der Hitze.
Als Mörtel verwendete man das ebenfalls auf der Insel gewonnene Aspa-Pulver (auch »theraische Erde«/Puzzolan), das

Oben: **Ein Gebäudetrakt im ersten Untergeschoss präsentiert sich nach der Renovierung in wundervollem Zustand. Die Fassadengliederung mit der mittigen Eingangstüre und den drei Fenstern rechts, links und über der Türe entspricht vollkommen der Tradition des typisch santorinischen »yposkapho«-Hauses.**
Mitte: **So mitgenommen sah das Mauerwerk der Hausteile vor der Renovierung aus. Farbe und Beschaffenheit der Vulkansteine sind jedoch gut zu erkennen.**
Unten: **Das heutige Café mit der darunter liegenden Loggia in unrenoviertem Zustand.**

mit Kalk vermischt wird. Holz, das nach Santorin importiert werden muss, wurde nicht etwa für die Konstruktion oder den Bodenbelag von Terrassen, sondern ausschließlich für den Bau der neuen Fenster und Türen eingesetzt. Während die von Wind und Wetter geschädigten alten Fenster und Türen durch originalgetreu nachgebaute Exemplare ersetzt werden mussten, genügte es, die 150 Jahre alten innen liegenden Holzklappläden lediglich abzulaugen. Die alten Beschläge wurden restauriert und teils mit einem speziellen Verfahren oxidiert. Die Fenster sind ohne Metallteile, nur mit Holzdübeln hergestellt – nicht nur Ausdruck der regionalen Bautradition, sondern auch ein gutes Mittel, um die Gefahr der Salzwasser-Korrosion zu bannen! Durchdachte traditionelle Konstruktionsdetails wie die Auslauföffnungen für das sich an den Scheiben absetzende Kondenswasser oder die höchst sinnvollen Regenwasserzisternen behielt man bei.
Wer sich nun in einem von Evangelos Rigas' wundervollen Appartments einquartieren möchte, den erwartet die besondere Atmosphäre exklusiver Bescheidenheit. Alle Appartments sind so hochwertig ausgestattet und eingerichtet wie Evangelos' eigener Wohnbereich. Die Café-Terrasse mit dem magischen Ausblick möchte man ohnehin gar nicht mehr verlassen.

Oben: Der oberste, stark klassizistisch beeinflusste Gebäudeteil wird heute als Café genutzt. Die Gemälde des Hausherrn befassen sich insbesondere mit lokalen Themen, dem Meer und der Schifffahrt. Die Skulpturen auf dem Tresen aus Ton, Holz und örtlich vorkommendem Vulkangestein stammen ebenfalls von Evangelos Rigas. Tische und Stühle wurden von Vagelis Alefragis angefertigt.
Unten: Blick zum Arkadentrakt im ersten Untergeschoss mit der darüber liegenden Café-Terrasse. Rechts vorne eine alte Regenwasserzisterne.

Erbauungszeit
ca. 1750–1800
Dauer der Renovierung
1994–1997
Grundstücksgröße
ca. 430 m²
Wohnfläche
ca. 290 m²
Anzahl der Bewohner
1–4 / bis zu 18 Gäste
Renovierungskosten je m² Wohnfläche
450.000 DR
Architekt
Ilias Apostolidis
Oia (Apano Meria), GR-84700 Santorini
Telefon (00 30-2 86) 7 13 59

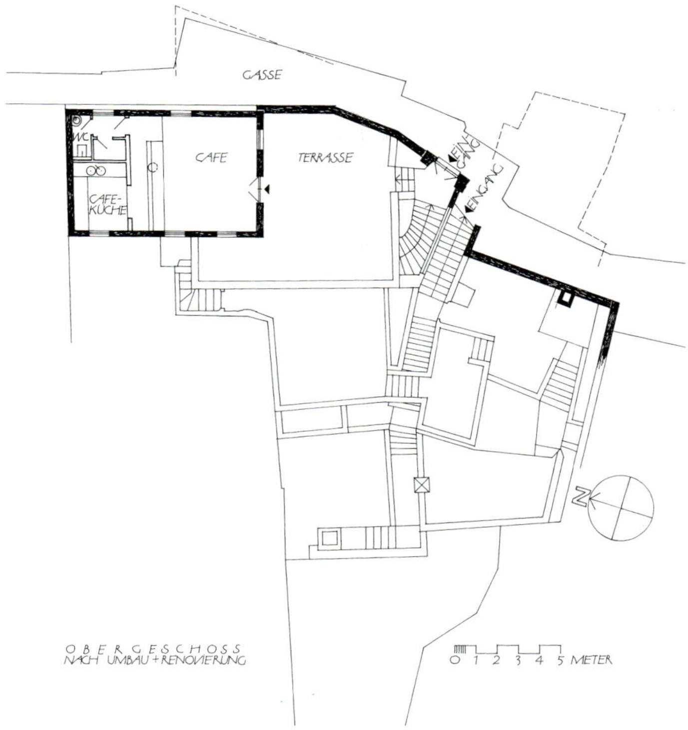

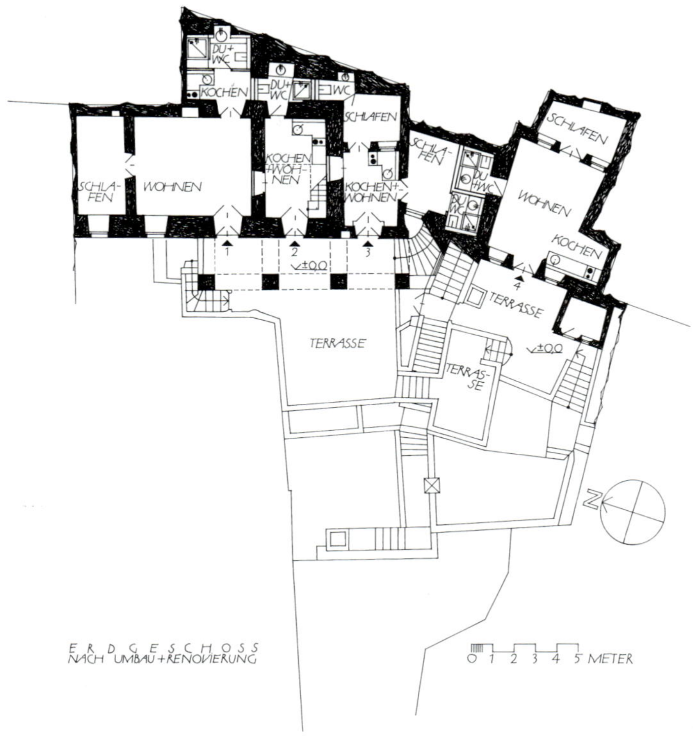

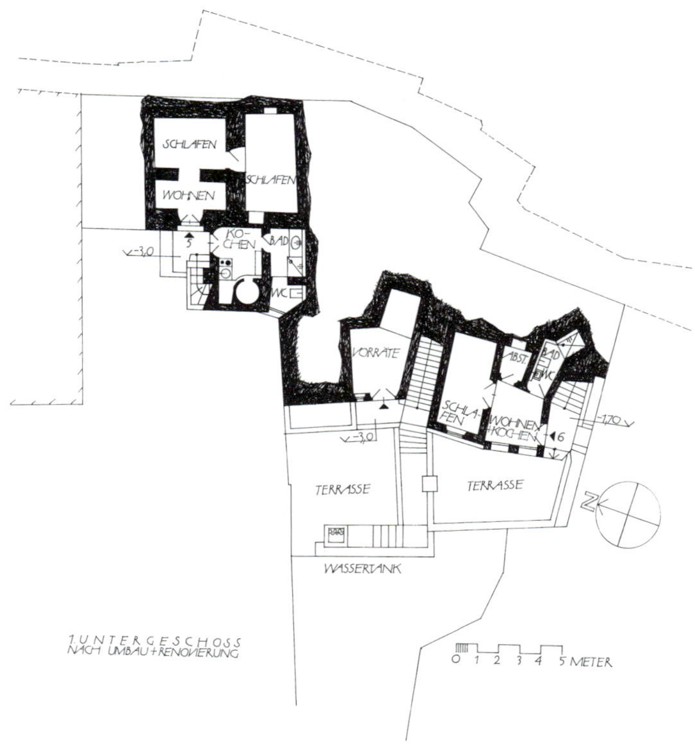

Möbelhandwerker

Vagelis Alefragis
Imeroviglion, GR-84700 Santorini
Telefon (00 30-2 86) 2 39 33

Kontakt- und Buchungsadresse

Cori Rigas Art Café Hotel
Evangelos Rigas
Kato Fira, GR-84700 Santorini
Telefon (00 30-2 86) 25 251
oder (00 30-1) 41 23 160

Eine Villa an der Westküste des Peloponnes

Oben: **Blick von der weitläufigen, kunstvoll angelegten Terrassenlandschaft auf die peloponnesische Westküste und das Ionische Meer.**
Rechte Seite: **Blick vom blühenden Oleander-Bogen zum Garteneingang. Die mit Natursteinplatten belegte Treppe wird von Palmlilien, Agaven und Rosmarinbüschen gesäumt.**

Unverfälschte Küsten, die noch nicht von Siedlungen zugebaut sind, ein Lebensrhythmus, der abseits des Tourismus seinen ursprünglichen Regeln folgt und ein Meereserlebnis, das man noch ungestört genießen kann – nur eine Illusion? Mitnichten, denn an der westlichen Küste des griechischen Peloponnes kann dieser Traum noch wahr werden. Die falsche Wahl ist diese Region allerdings für Menschen, die den touristischen Amüsierbetrieb rund um die Uhr, das gewohnte einheimische Essen und die Gesellschaft Tausender von Landsleuten mögen. Genau darauf konnten Brigitte und Eberhard Still problemlos verzichten, während die Vorzüge dieser außerhalb Griechenlands nahezu unbekannten Gegend sie von Anfang an in ihren Bann zogen. Nachdem sich das deutsch-österreichische Ehepaar anfangs für ein altes Dorfhaus entschieden und dieses einfühlsam renoviert hatte (siehe Seite 58), handelt es sich bei ihrem heutigen Domizil um ein nach der Planung Eberhard Stills um 1980 gebautes und 1993–1999 umgestaltetes Haus, das heute im wahrsten Sinne zu einem großen Kunst-Werk geworden ist. Der gesamte Komplex mit Haupthaus, Gästehaus, verschiedenen Nebengebäuden, Innenhöfen und Gärten befindet sich unterhalb eines schmalen Zufahrtsweges, der sich in langen Kurven von der Küstenstraße heraufwindet. Durch eine weiß gekalkte Mauer mit blauen Türen und über eine mit Natursteinplatten belegte Treppe gelangt man unter einer Pergola zum Hauseingang. Die griechischen Farben finden sich im Weiß der Mauern und Holzfenster sowie im Blau der Läden, die bei der Renovierung an Fenstern und

Links: Kunstvoll kombiniert: Antike Bank und Spiegel (Ende 19. Jahrhundert) erstanden Brigitte und Eberhard Still beim Antiquar in Athen und in Istanbul, an der Wand sind Werke befreundeter zeitgenössischer Künstler versammelt (Mischtechniken und Collagen von Thomas Hornemann, Jean Yves Klein und Joachim Peeck).
Rechts: Das Badezimmer wird von den Marmorarbeiten (Volakas-Marmor aus Drama/Nordgriechenland) und den Fliesen geprägt, die nach einem alten Muster aus Istanbul originalgetreu hergestellt wurden.

Fenstertüren angebracht wurden. Die Innenräume sind weiß gestrichen, die Böden im Erdgeschoss mit weißem Marmor belegt. Auch die zuletzt renovierten Räume im Obergeschoss erhielten einen Bodenbelag aus weißem Dionyssos-Marmor. Der Einrichtungsstil beindruckt zum einen durch die gekonnte Mischung von Antiquitäten französischer Provenienz – vor allem Louis-Seize – mit Mobiliar asiatischer Herkunft. Zum anderen werden die Räume durch die Allgegenwart moderner Malerei geprägt. Die Antiquitäten und Fundstücke wurden von Brigitte und Eberhard Still auf vielen Reisen zusammengetragen. Die enge Bekanntschaft der Bewohner mit vielen Künstlern wie Markus Lüpertz, A.R. Penck, Thomas Hornemann und Jean Yves Klein ist hier deutlich spürbar; das ganze Haus lebt von der Wirkung der Gemälde und mit ihnen.

Eberhard Still hat unter anderem auch das Wohnhaus des Kunstsammlers Erich Marx eingerichtet. Insgesamt werden hier herausragende Stücke verschiedenster Herkunft und unterschiedlicher Stilrichtungen zu einem stimmigen Ganzen verwoben.

Ein sehr interessantes Merkmal der Umbauplanung ist die Zusammenfassung zweier ursprünglich getrennter Gebäude. Während der nördliche Teil mit dem Wohnzimmer nach Westen ausgerichtet ist, wendet sich der später dazugekaufte südliche Trakt mit dem großen Esszimmer nach Südwesten. Dies ermöglicht es, optimal mit den Tageszeiten zu leben, da man den Wohnraum je nach Sonnenstand wechseln kann. Arbeits- und Funktionsräume sind nach Osten beziehungsweise Nordosten orientiert. Die Hanglage des gesamten Anwesens wird durch die Split-

Links: **Leben mit Kunst und Antiquitäten: Sessel und Tischchen sind Reisefunde aus Syrien und Ägypten (19./20. Jahrhundert), das Gemälde von Thomas Hornemann (o. T., Öl auf Leinwand, 1997) fügt sich bestens dazu. Die großflächig verglasten Fenstertüren aus Holz holen das Licht des Südens ins Wohnzimmer.**
Rechts: **Ein asiatischer Tempelwächter (Garuda) leistet den Werken von Thomas Hornemann (»Romantisches Bild«, Öl auf Leinwand, 1986), Joachim Peeck (o. T., Mischtechnik, 1985) und Jean Yves Klein (o. T., Öl auf Leinwand, 1994) Gesellschaft. Links der Durchblick zum Wohnzimmer.**

Level-Bauweise betont, Höhendifferenzen werden mit Treppen überbrückt. Noch deutlicher tritt die bewusste Gestaltung mit Höhendifferenzen bei der Betrachtung der Außenanlagen hervor: Vom oberhalb des Hauses gelegenen Agaven-Garten, der dem separaten Sauna-Haus zugeordnet ist, und dem sich südlich fortsetzenden Innenhof mit Brunnen gelangt man auf den nördlich des Hauses situierten Ess- und Liegeplatz, der einen fantastischen Ausblick auf die Küste und das Ionische Meer bietet. Vorbei an Pool und Pflanzbeeten geht es dann hinunter zum großen Brunnen und der halbkreisförmigen Pergola. Ihr Mittelpunkt befindet sich genau in der Flucht des Durchgangs, durch den man unter Arkadenbögen das ehemalige Nachbaranwesen mit dem zweiten Pool und der offenen »Kunsthalle« erreicht. Von dort geht es über eine breite Treppe nochmals weit hinunter bis zum unteren Grundstückszugang. Gäste gelangen so direkt zu ihrer kleinen Dépendance, die von zahlreichen Orangen- und Zitronenbäumen umgeben ist.
Die Freiflächen und Terrassenbereiche sind größtenteils mit Bruchsteinplatten aus Naturstein belegt, was einen sehr schönen Übergang zur felsigen Naturlandschaft der Umgebung herstellt. Dem Anwesen und den von Eberhard Still realisierten Neubauprojekten merkt man das sichere Gespür für die behutsame Einpassung in Kultur und Landschaft des Ortes an.

Oben: Unter dem Vordach am höchst stimmungsvollen Pool dominiert das große Gemälde von Jean Yves Klein (»St. Georg«, Öl/Relief) den Platzraum, zwei syrische Scherenstühle aus dem 19. Jahrhundert laden nach dem Bad zum Verweilen ein.
Mitte: Griechischer Haustraum in Weiß: Die Westfassade des Hauses ist durch großzügige Fenstertüren zum Licht geöffnet und erlaubt einen direkten Zugang vom Wohnzimmer zu den tiefer gelegenen Terrassen am Hang sowie zum Pool.
Unten: Das am unteren Grundstücksabschnitt gelegene Gästehaus mit dem Zitrushain.

Rechte Seite: Vom Esszimmer aus bietet sich ein atemberaubender Blick auf den Garten und das Meer. Die Bank im Louis-Seize-Stil stammt vom Antiquar in Istanbul.

Links: **Griechischer Sitzplatz unter der Pergola.**
Rechts: **Die perfekte Gliederung von Gartenräumen lässt sich beim Anwesen von Brigitte und Eberhard Still lernen: Der dem Hauseingang ostseitig zugeordnete Sitzplatz liegt etwas tiefer als der sich hinten anschließende südliche Innenhof, antike Amphoren aus Athen und Koroni betonen zusammen mit Schatten liebenden Hortensien Treppe und Durchblick.**
Unten: **Vor dem Badezimmer ziehen große Amphoren die Blicke auf sich. Das über 200 Jahre alte Exemplar direkt am Fenster wurde in der Gegend von Istanbul hergestellt.**

Erbauungszeit
1982/83
Dauer der Renovierung und Umbaumaßnahmen
1993–99
Grundstücksgröße
ca. 2800 m²
Wohnfläche
220 m²
Anzahl der Bewohner
2 sowie bis zu 4 Gäste
Renovierungskosten je m² Wohnfläche
keine Angaben

Planer und Kontaktadresse
Eberhard Still
Innenarchitekt
Alexopoulou 13, GR-24500 Kyparissia
Telefon (00 30-76 19) 14 22

Bauingenieur
Georgios Gotsis
Alexopoulou 13, GR-24500 Kyparissia
Telefon (00 30-7 61) 6 20 63

Handwerksbetriebe
(aktuelle Telefonnummern im Bedarfsfall zu erfragen bei Eberhard Still)
Maurer
Georgios Bagourdis, GR-24500 Kalo Nero
Natursteinarbeiten
Vassilis und Aristos Singerkis, GR-24500 Kyparissia
Marmorarbeiten
Georgios Polidoras, GR-24500 Kyparissia
Schreiner
Jannis Bouboulas, GR-24500 Kyparissia
Dachdecker
Georgios und Jannis Lambropoulos, GR-24021 Avlona
Elektriker
Takis Karaziotis, GR-24500 Kyparissia

ERDGESCHOSS MIT TERRASSEN AM HANG
NACH RENOVIERUNG UND UMBAU

Kunstvoll schlicht

Ein Dorfhaus in Messenien

In der Macchie der peloponnesischen Westküste sind zunächst eine Reihe holpriger Sträßchen zu überwinden, bis das kleine Haus im Dorf Agalianni erreicht ist. Die Nachbarn sind Bauern und einfache Handwerker; in mehreren Tavernen und auf dem Kirchplatz trifft man sich zum täglichen Gespräch. Durch eine weiße Mauer von der Straße abgetrennt, bietet das Haus sowohl Anschluss an das dörfliche Miteinander als auch genügend Privatsphäre, um sich vom Stress des Arbeitsalltags erholen zu können. Michaele Frey benötigt genau dieses natürlich gewachsene Refugium für die Erholung von ihrer anstrengenden beruflichen Tätigkeit.

In der Fassadengestalt nahezu vollständig dem Zustand vor der Renovierung entsprechend, fügt sich das kleine Haus harmonisch zur Bauweise der übrigen Dorfhäuser. Das typische Baumaterial – Natursteine unterschiedlicher Größe aus der Umgebung – wurde beibehalten; die Eingangsfassade erhielt bei der Renovierung keinen Verputz, sondern nur einen weißen Kalkfarben-Anstrich. Fensterbögen, Türlaibung und Eckquaderungen blieben hierbei sichtbar. Die rückwärtige Fassade beim Hofausgang zeigt ihr altes Gesicht aus Naturstein. Alle Holzsprossenfenster, die wegen ihres schlechten Zustands erneuert werden mussten, sind ebenso wie die außen liegenden Holz-Klappläden weiß gestrichen.

Veränderungen wie der Einbau eines Bades und die Vergrößerung des Wohnzimmers im Erdgeschoss waren im Hinblick auf die Wohnqualität unumgänglich, wurden aber vom Planer Eberhard Still mit größtmöglicher Behutsamkeit vorgenommen. Die Grundrisse im unteren Geschoss, wo sich drei Schlafzimmer und ein Bad befinden, behielten ihren ursprünglichen Zuschnitt. Dicke Natursteinwände und kleine Fensterausschnitte halten die Hitze fern und schaffen die Wirkung von gemütlichen Schlaf-Höhlen. Sogar die Jahrhunderte alten Abstellnischen in den Wänden erfüllen noch immer ihren Zweck.

Zusätzlich zur schmiedeeisernen Wendeltreppe innerhalb des Hauses stellt eine halbkreisförmige Aufgangsrampe die Verbindung der beiden Geschosse über den Garten her. Neben der Erschließungsfunktion erfüllt die Rampe auch einen

»Stimmungsvolle Renovierung nach dörflicher Bautradition.«

Linke Seite: Das alte Dorfhaus in Agalianni nach der gelungenen Renovierung (Ansicht von Süden). Die ummauerte Amphore aus dem 18. Jahrhundert ist im Stil von Koroni gehalten.
Unten: Gemütliche Sitzecke im nordseitigen Innenhof. Der Schatten der Natursteinmauern spendet Kühle, Naturtöne schaffen zusammen mit den griechischen Farben Blau und Weiß eine vollkommen entspannte Atmosphäre.

Oben links: Der Garten ist durch Treppen, Wege und weiß gekalkte Mäuerchen kunstvoll gegliedert. Dazwischen gedeihen prächtige Oleanderbüsche und Olivenbäume. Durch den gemauerten Bogen geht es nach draußen auf die Dorfgasse.
Oben rechts: Das Schlafzimmer im Untergeschoss mutet wie eine gemütliche kleine Höhle an. Die Nische in der Wand dient seit jeher zum Abstellen von Kerzen.
Unten links: Im Wohnzimmer blieb nach den Sanierungsarbeiten die Dachkonstruktion sichtbar, das Raumgefühl verbesserte sich immens. An der Wand ein Ölgemälde von Jean Yves Klein (»Opuntien«, 1999).
Unten rechts: Blick vom Untergeschoss zum Garten und zur Aufgangsrampe. Das großformatige Kunstwerk von Monari (o. T., Öl auf Leinwand, 1986) kontrastiert reizvoll mit den alten Natursteinmauern.

gestalterischen Zweck; zusammen mit dem umgrenzenden weißen Mäuerchen wirkt sie wie eine organisch geformte Geländeskulptur. Die Rampe ist ebenso wie die Treppen mit Bruchsteinplatten aus Naturstein belegt; die Terrassenbereiche direkt am Haus erhielten zur Abgrenzung einen Belag
aus größer dimensionierten Platten. Neben dem Haupteingang unter der Pergola befindet sich ein wundervoller Frühstücksplatz, rückwärtig gibt es einen überdachten Essplatz. Der neu gebaute »Wasser-Turm« mit integriertem, erhöht liegendem Pool bietet eine sagenhafte Aussicht bis zur ionischen Küste.

Griechische Schattenspiele: Auf traditionellen Kaffeehausstühlen genießen Michaele Frey und ihre Gäste den Sitzplatz unter der Pergola.

»Alte Mauern und zeitgenössische Kunst im Gleichklang.«

Beim nordseitigen Innenhof wurde unlängst ein nach traditionellen Vorbildern gestalteter Turm mit integriertem Pool und Grillplatz geschaffen.

Erbauungszeit

Mitte des 19. Jahrhunderts

Dauer der Renovierung und Umbaumaßnahmen

Renovierung 1991–92,
Erweiterungen 1995–96

Grundstücksgröße

ca. 650 m²

Wohnfläche

ca. 108 m²

Anzahl der Bewohner

1–2

Planer

Eberhard Still
Innenarchitekt
Alexopoulou 13, GR-24500 Kyparissia
Telefon / Fax (00 30-7 61) 9 14 22

Handwerksbetriebe

Adressen Bauingenieur/Handwerksbetriebe wie Seite 56

Beim Bad im Pool bietet sich ein grandioser Ausblick auf das Dorf und die messenische Hügellandschaft.

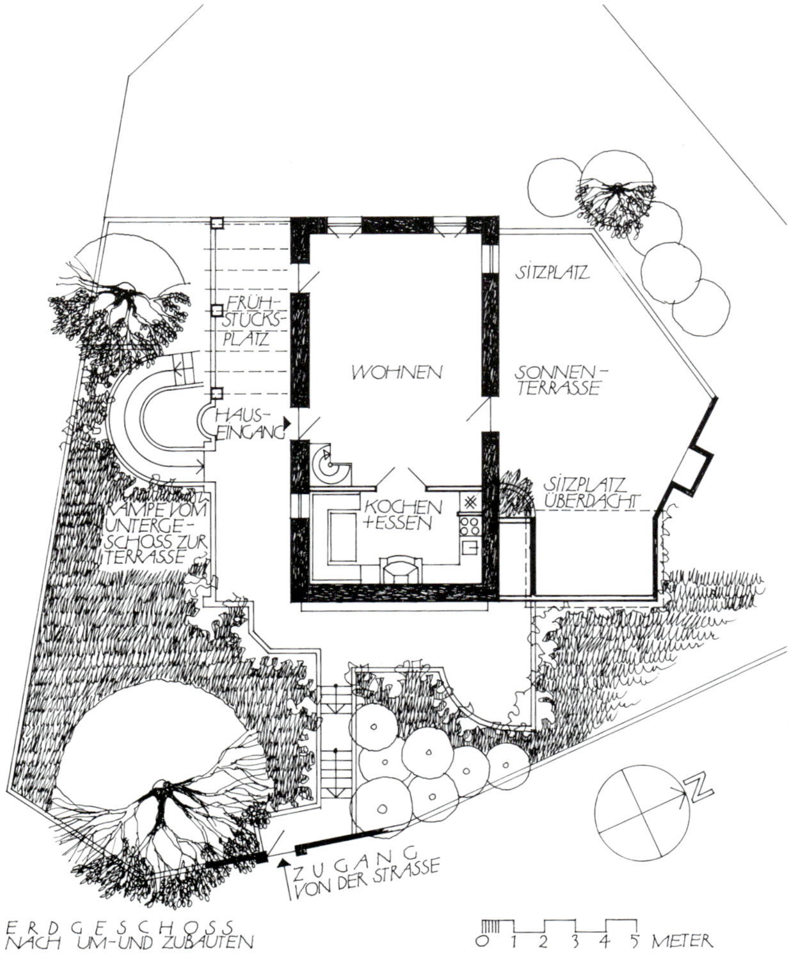

Ein Anwesen in der Serra de Monchique

Oben: **Der Eingang des portugiesischen Landhauses wird von Jahrzehnte alten Bougainvilleen beschirmt. Der traditionelle Backsteinbelag bringt eine bodenständige Note ins Spiel.**
Rechte Seite: **Die imposante, aus segmentförmigen Stufen aufgebaute Steintreppe verbindet ein idyllisches Plätzchen, das von Akazien und anderen Großbäumen beschattet wird, mit der darüber gelegenen Geländeterrasse.**

Im sonnigen Süden Portugals, in einiger Entfernung von der Felsalgarve, erstreckt sich die Serra de Monchique. Diese grüne Berg- und Hügellandschaft war für die Bauherren der perfekte Ort zur Anlage eines paradiesischen Terrassengartens.
In den 1960er-Jahren zusammen mit dem Bau eines neuen Wohnhauses angelegt, bezog der Garten einige teils bereits vorher auf dem Grundstück bestehende Hangterrassen ein, die zu dem auf dem Grundstück vorhandenen alten Bauernhaus gehört hatten. Dieser Bestand wurde erweitert und mit einer solchen Fülle mediterraner und exotischer Pflanzen begrünt, dass der gesamte Hang von Blüten und Blattwerk heute förmlich überzuquellen scheint. Einige Jahrzehnte nach seiner Anlage wird der Garten nun von stattlichen Palmen, Bougainvilleen und Zypressen sowie von zahlreichen Blütensträuchern geprägt.
Die verschiedenen Ebenen des Gartens sind durch ganz unterschiedlich gestaltete Treppen verbunden, von denen einige zu versteckten Ecken und schattigen Sitzplätzen führen. Überwachsene Durchgänge laden zum Erkunden ein, überall tun sich neue Blickperspektiven auf. An klaren Tagen reicht die Aussicht bis zur Küste der Algarve.
Das Wohngebäude der aus Großbritannien stammenden Eigentümer befindet sich oberhalb des Terrassengartens. Ein Verwalterehepaar sorgt für die ständige

Links: Eine Palme, die aus beschnittenem Hornkraut herauszuwachsen scheint, gibt diesem Platz seine gestalterische Mitte.
Mitte: Vom Haus führt ein backsteinbelegter Weg unter mächtigen Dattelpalmen und Bougainvilleen hinunter zum Pool.
Rechts: Kletterpflanzen wie der Jasmin und Ziersträucher wie der Hibiskus betten das Gebäude gekonnt in ein Blütenmeer ein.
Rechte Seite: Die Serra de Monchique und die Algarve immer im Blick: Der stimmungsvolle Terrassensitzplatz unter dem tongedeckten Vordach bietet Gelegenheit für ausgedehnte Mußestunden.

»Ein portugiesisches Gartenparadies am Hang.«

Diese Ansicht zeigt besonders deutlich, wie die Hänge angelegt und erschlossen sind. Die in Reihe gepflanzten Zypressen zeichnen die Abstufung der Geländeterrassen nach.

Naturtöne und helles Blau prägen die Gestaltung des Schlafzimmers. Die Fenstertüren bieten direkten Zugang zur Aussichtsterrasse.

Instandhaltung des Hauses, die Pflege des großen Gartens und obendrein für einen Kochservice. Das in Waldbestände eingebettete Haus wurde bewusst in Anlehnung an den traditionellen Baustil der Region gestaltet und ebenso wie das Bauernhaus eingeschossig ausgeführt. So fügt es sich in die Garten- und Naturlandschaft ein, als sei es schon immer dort gewesen. Eine wundervolle, mit alten Backsteinen belegte Terrasse mit traumhaftem Blick bietet eine Alternative für den Aufenthalt am Pool. Im Inneren des Hauses dominieren Naturtöne, Weiß und Blau, die Böden sind mit Terrakottaplatten belegt; die Einrichtung ist im charmanten englischen Stil gehalten. Die exklusive Cabana kann inklusive Service angemietet werden (Kontaktadresse siehe Seite 69).

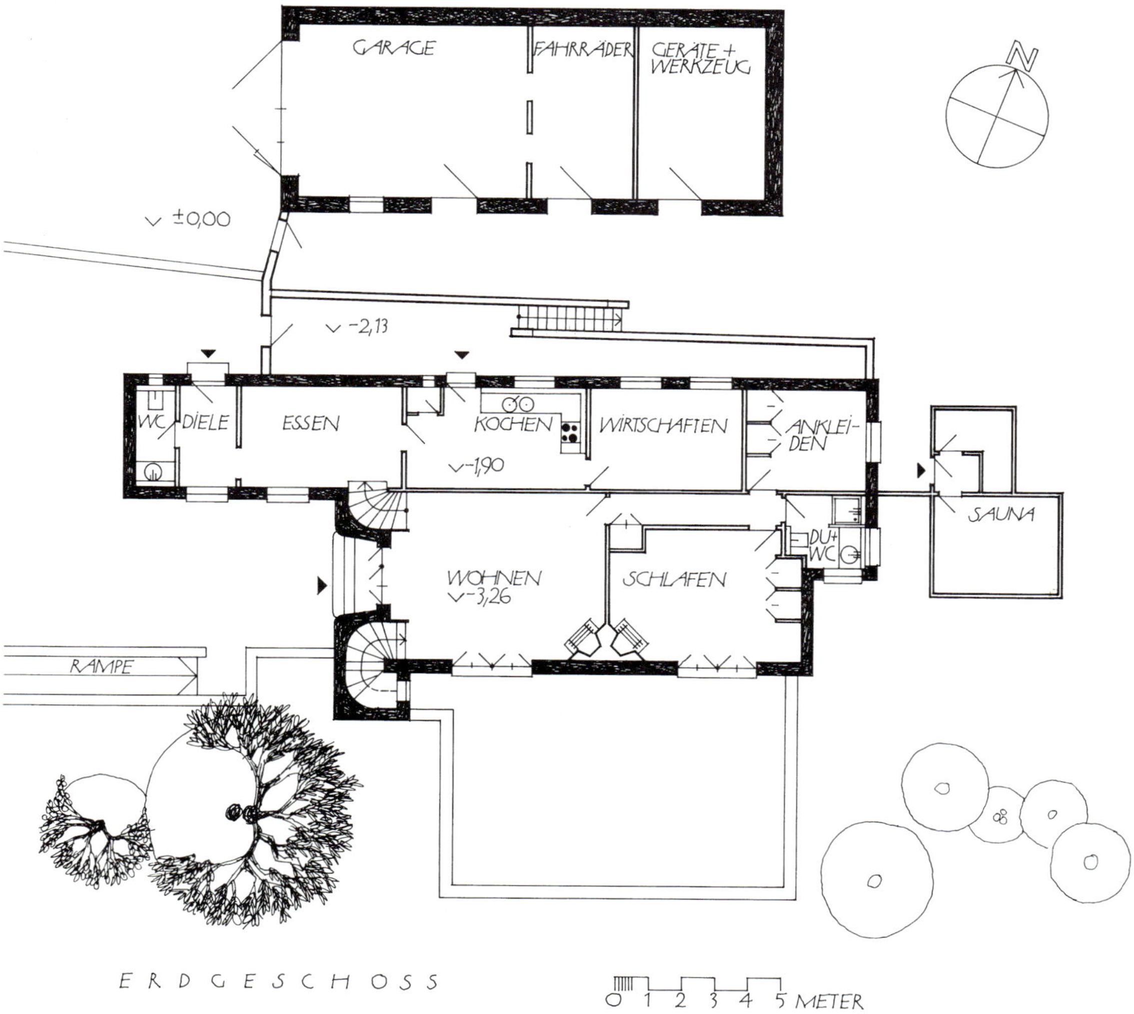

Erbauungszeit
Bauernhaus vor 1900, Haupthaus um 1960

Grundstücksgröße
ca. 30.000 m²

Wohnfläche
ca. 250 m²

Anzahl der Bewohner
2–5 / bis zu 8 Gäste

Kontakt- und Buchungsadresse:
Villaia
Ingrid Grabner
Apartado 51, P-8601-901 Lagos
Portugal
Telefon (0 03 51-2 82) 76 41 03
Fax (0 03 51-2 82) 76 77 84
e-mail: grain@mail.telepac.pt
oder:
CHECK-IN individuelle Flugreisen GmbH
Dieffenbachstr. 1, D-61169 Friedberg
Telefon 0 60 31-6 20 62
Fax 0 60 31-6 31 10
e-mail: info@check-in-reisen.de
www.check-in-reisen.de
oder www.portugal-entdecken.de

Portugiesische Tradition mit britischem Stil

Ein ehemaliges Bauernhaus an der Algarve

Das Anwesen wird von einem imposanten alten Johannisbrotbaum beschirmt. Links im Bild der Hauseingang, ganz links der angebaute Windfang.

Wer nach Beispielen dafür sucht, wie ein altes Bauernanwesen bei der Renovierung sein Gesicht behalten und dennoch einen interessanten neuen Stil verkörpern kann, wird bei diesem Anwesen mit Sicherheit fündig werden. In Teilen wohl bereits aus dem 18. Jahrhundert stammend, weist das Gebäude die besonderen Kennzeichen algarve-typischer Bauernhäuser auf – Eingeschossigkeit, bauliche Erweiterungen unter einem First in Längsrichtung und weiß gekalkte Wände.
Zwar entspricht dieses Gebäude nicht unbedingt den Vorstellungen vom oft als *Quinta* oder *Solar* bezeichneten portugiesischen Herrenhaus, dafür gleicht seine Baugestalt den meisten an der Algarve angebotenen Bauernhäusern. Deshalb kann dieses Anwesen auch besonders viele praktische Anregungen für die Umgestaltung dieser für die Region typischen Häuser liefern.
Im Äußeren wurde das Bauernhaus im Grunde nicht verändert, sondern nur um einige kleinere Anbauten ergänzt. Wunderschön ist der von Pflanzen überwachsene gläserne Wintergarten am Haupteingang, der selbst in den wenigen kälteren Perioden des Jahres das Licht der Algarve nach innen lässt. Im großzügigen Wohnzimmer ist die Dachkonstruktion mit den hölzernen Sparren und Balken und den nach traditioneller Algarve-Manier darüber gelegten Schilfmatten zu sehen. Backsteine bilden den Bodenbelag. Ein skulpturenartig gestalteter offener Kamin sorgt dafür, dass es auch bei kälteren Temperaturen im Winter stets gemütlich bleibt. Der Kamin im Schlafzimmer wurde mit blau-weißen Azulejos gekachelt (siehe Seite 76).

Links: Das Wohnzimmer gewinnt durch die bewusst sparsame Einrichtung und den individuellen Charakter der – großenteils in Portugal hergestellten – Antiquitäten besonderen Reiz. Die sichtbaren Sparren sind nach traditionellem Brauch mit Schilfmatten überdeckt.
Rechts oben: Essplatz-Impression mit Küchentüre. Der Gobelin entstand um 1940 in der Werkstatt des berühmten brasilianischen Malers Genardo aus Salvador de Bahia. Die als Vorlagen dienenden Ölgemälde des Meisters wurden nach Fertigstellung der Wandteppiche stets sofort vernichtet.
Rechts unten: Der Bollerofen beim gemauerten Sitzplatz spendet an kühleren Winterabenden willkommene Wärme.

Zeugnis der bäuerlichen Vergangenheit: Das alte, zwischen Oleanderbüschen, Agaven und Margeritenbäumchen versteckte Backhäuschen wurde reizvoll in den Garten integriert.

Nicht nur im Haus, sondern auch im Garten achteten die Besitzer – eine renommierte britische Shakespeare-Darstellerin und ihr Mann – auf die Erhaltung der vorgefundenen Bausubstanz. Der alte Backofen fügt sich wunderbar in die Oleanderpflanzung ein. Die vorhandenen Natursteinmäuerchen wurden ergänzt, repariert und erweitert, der Baumbestand wurde erhalten. Beim Betrachten des Vorzustands mit dem verbräunten Bewuchs

Eine überreich gelb blühende Cassie spendet Schatten über der Eingangspergola. Der Bodenbelag aus Naturbruchsteinen lässt Grün zwischen den Fugen gedeihen.

fällt es schwer zu glauben, dass hieraus ein solch blühendes Paradies entstehen konnte. Das Anwesen ist heute von einer kleinen Zitrusplantage – Orangen, Zitronen und Pampelmusen –, Palmen und Olivenbäumen umgeben. Der Weg zum Nebeneingang wird durch eine blühende Pergola beschirmt. Der Bereich unmittelbar um das Haus ist mit sehr natürlich und einfach wirkenden kleinen Natursteinplatten belegt.

Wohltuend einfach präsentiert sich dieses Schlafzimmer, das sich ganz auf die natürliche Ausstrahlung der althergebrachten Baumaterialien und Textilien verlässt.

Erbauungszeit
vor 1900
Grundstücksgröße
ca. 25.000 m^2
Wohnfläche
ca. 200 m^2
Anzahl der Bewohner
2 / bis zu 5 Gäste
Dauer der Renovierung
1982–1983

Kontakt- und Buchungsadresse
Villaia
Ingrid Grabner
Apartado 51, P-8601-901 Lagos
Portugal
Telefon (0 03 51-2 82) 76 41 03
Fax (0 03 51-2 82) 76 77 84
e-mail: grain@mail.telepac.pt
oder:
CHECK-IN individuelle Flugreisen GmbH
Dieffenbachstr. 1, D-61169 Friedberg
Telefon 0 60 31-6 20 62
Fax 0 60 31-6 31 10
e-mail: info@check-in-reisen.de
www.check-in-reisen.de
oder www.portugal-entdecken.de

»Einfach weiße Wäsche, Holzkonstruktionen und Backsteinbelag halten den Geist des alten Bauernhauses lebendig.«

Faszinierender Durchblick in den Garten: Die verglaste Haustüre schafft einen transparenten Übergang zwischen Innen und Außen.

Die weiße Hacienda

Ein ehemaliger Gutshof bei Sevilla

Die Weiten Andalusiens um Sevilla waren lange Zeit durch Großgrundbesitz geprägt. Die oft auf römischen, meist aber auf maurischen Ursprung zurückgehenden Gutshöfe stellen sich zumeist als große, geschlossene Vierseithöfe dar. Viele dieser so genannten *cortijos* wurden vor einigen Jahrzehnten aufgegeben, so auch die Hacienda de Los Graneros, die sich in der Nähe des Römerstädtchens Carmona, nur 18 km östlich von Sevilla befindet. Während der Zeit des Leerstands musste

LOS
GRANEROS

Seite 78: **Üppiges Gartenparadies im heißen Andalusien: Ansicht der geschichtsträchtigen Hacienda vom Dach des ehemaligen Olivenlagers (Blick nach Osten).**
Seite 79: **Außenansicht der Hacienda mit der alten Durchfahrt. Vorhandenes wurde saniert, Dachdeckung, Fenster und Fenstergitter wurden originalgetreu nachgebildet.**

das würdige alte Anwesen eine Reihe von Plünderungen über sich ergehen lassen, bei denen sogar Fenster und Fenstergitter verschwanden. Im Jahr 1986 nahm sich ein deutsch-spanisches Ehepaar des Gutshofs an und begann mit der Sanierung des riesigen Anwesens. Der Aufwand des Unterfangens war immens, dennoch stellten sich Gabi und Santiago der Aufgabe mit großer Freude und viel Engagement. Bereits in römischer Zeit war der Standort der Hacienda bebaut, wie hier gefundene Steine belegen; der Brunnen geht mit Sicherheit auf die Zeit der Mauren zurück. In einem Turm des Gebäudes fanden sich Wandmalereien, die den um 1300 entstandenen Malereien im Alcázar von Carmona ähneln. Der Hof dürfte unmittelbar nach der Reconquista um 1248, als die Region um Sevilla von den Mauren zurückerobert worden war, an den Ritterorden der Calatrara gefallen sein; dessen Wappen prangt noch immer auf dem Turm und der Wetterfahne. Der Großteil des heutigen Gebäudebestands ist mindestens 400 Jahre alt. Lange Zeit dürfte der Hof dem Anbau und der Verbreitung von Oliven gedient haben; hierauf weist der heutige Name Los Graneros »Kornspeicher« hin. Bis um 1966 wurde hier in einer Mühle Olivenöl hergestellt. Das ehemals von Eseln betriebene Mahlwerk in einem bisher unrenovierten Trakt des Anwesens und zahlreiche alte Tonfässer, in denen das Öl eingelagert wurde, können noch besichtigt werden. Vor dem Erwerb des Anwesens hatten Gabi und Santiago zwei Jahre lang nach dem passenden Gebäude gesucht; als Hauptproblem stellte es sich heraus, dass die meisten Verkäufer ihre Hacienda nur

Linke Seite oben: **Blick durch das Haupteingangstor nach draußen. Der traditionelle Feldsteinbelag wurde erhalten und ergänzt.**
Linke Seite Mitte und unten: **Der ruinöse Zustand des Anwesens zum Zeitpunkt des Erwerbs lässt erahnen, wie viel Mühe in die Sanierung des riesigen Komplexes investiert werden musste.**
Rechts: **Zwischen Platanen, Palmen und Weinreben ist der nordöstlich gelegene Arkadengang zu erkennen.**

zusammen mit den (oft sehr großen) Ländereien verkaufen wollten. Die hierfür fälligen Preise hätte natürlich keine noch so rentable Nutzung jemals wieder erwirtschaften können. Bei Los Graneros konnte hingegen das Gebäude mit einem wenige Hektar großen Grundstück erworben werden. Die erste Zeit verging mit etwas ermüdenden Auseinandersetzungen, da die Nachbarin lange die Zustimmung zur Durchführung von Erschließungsleitungen verweigerte. Im Mittelpunkt der äußerst umfangreichen Sanierungsarbeiten standen dann die Reparatur der Schäden, insbesondere der Einbau neuer Fenster, Türen und Vergitterungen sowie die Wiederherstellung der Mauern und der verwüsteten Innenräume. Soweit noch nachvollziehbar, wurden alle neuen Bauteile den Originalen nachgebaut; als Vorbild für die Gestaltung der Fenster diente ein einziges noch erhaltenes Exemplar. Neu ist die Außentreppe auf der Ostseite, die sich aber ebenfalls an den hergebrachten Bauprinzipien orientiert. Auch das Farbkonzept mit der weißen Fassade und den ockergelben Fensterumrahmungen ist an vielen alten andalusischen Häusern wiederzufinden. Prunkstück des Anwesens ist der Turm über dem Haupteingang mit dem alten Taubenhaus.
Auf der Hacienda werden aufgrund des stimmungsvollen Ambientes auch zahlreiche Tagungen, Kurse und Feiern abgehalten. Im ehemaligen Oliven-Lagerhaus mit den uralten Gewölben steht ein großer Festsaal zur Verfügung. Zudem können auch Appartments und Gästezimmer von Gruppenreisenden angemietet werden. Ein Pool (6x15 m) sorgt für willkommene Abkühlung unter andalusischer Sonne.

»Von der geplünderten Ruine zur stimmungsvollen Hacienda.«

Oben: Im ehemaligen Olivenlager werden heute andalusische Hochzeiten und rauschende Feste gefeiert.
Unten: Das alte Brunnenhaus beim Schwimmbad. Der Brunnen geht höchstwahrscheinlich auf die Zeit der Mauren zurück.

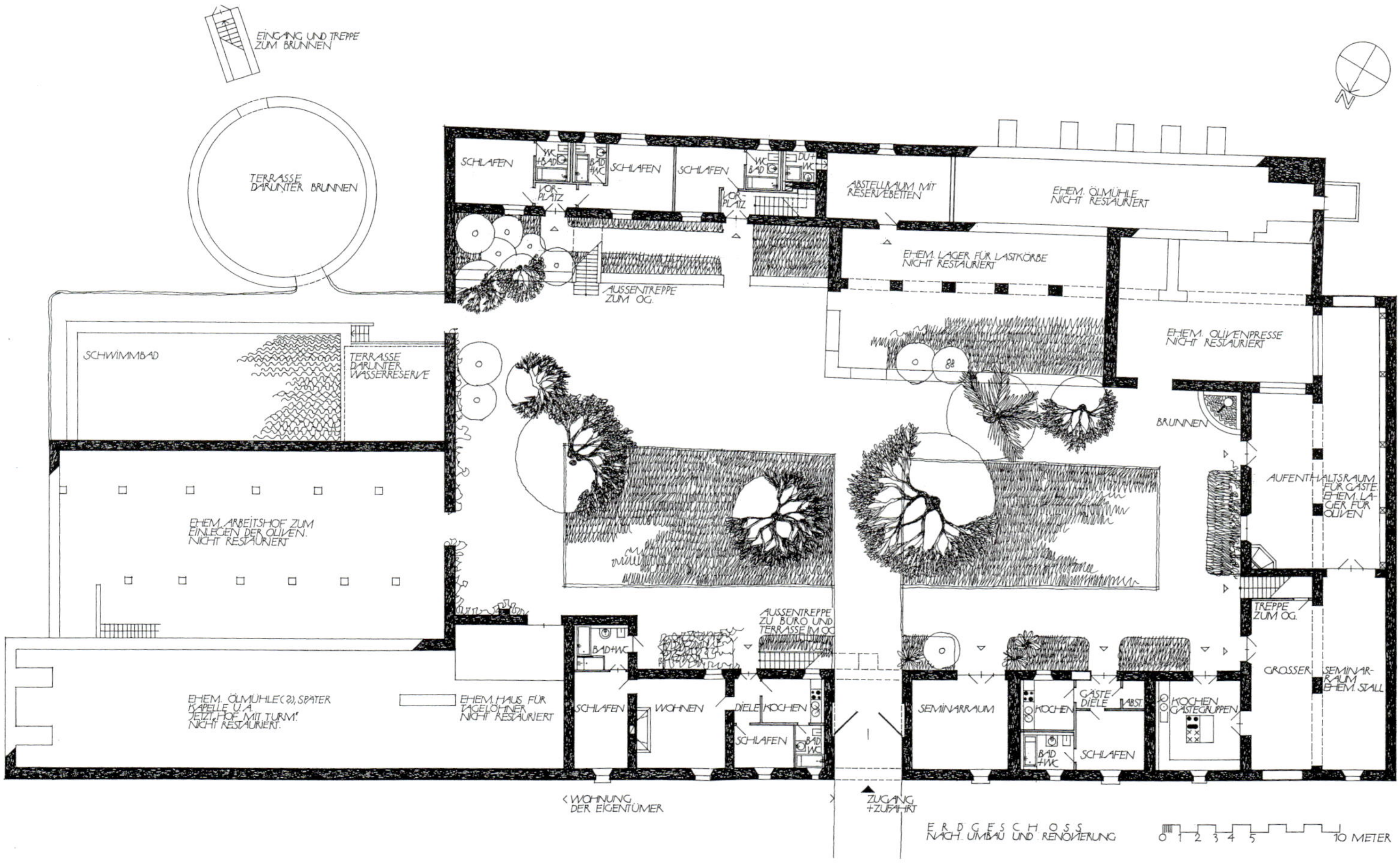

Erbauungszeit
vor 1600

Grundstücksgröße
ca. 7000 m²

Wohnfläche
ca. 1000 m² (renoviert)

Anzahl der Bewohner
3 / bis zu 30 Gäste in Ferienwohnungen oder Doppelzimmern (bei Gruppen)

Dauer der Renovierung
1984–heute (in Etappen)

Renovierungskosten je m²
ca. 1000 DM

Kontakt- und Buchungsadresse
Hacienda Los Graneros
Apdo. 62, E-41410 Carmona (Sevilla)
Telefon u. Fax (00 34-95) 595 30 20
oder
Casa Andaluza
Karin Joanidopoulos
Eichthalstr. 9, D-81574 München
Telefon (00 49-89) 69 38 13 71
Fax (00 49-89) 69 38 13 72
e-mail: kj@casa-andaluza.de
www.casa-andaluza.de

Eine Villa an der Costa Dorada

Oben: **Die mit großem Aufwand wiederhergestellte Loggia im ersten Obergeschoss mit Zugang zum Flur. Die mit Kalkfarbe blau gestrichene Kuppel gehört zur darunter befindlichen, wohl 1715 erbauten Hauskapelle.**
Rechte Seite: **Abendstimmung vor Adelsvilla: die Eingangsfassade mit der großartigen Loggia und dem Gartenzugang (links).**

Die Region zwischen der Costa Brava und der Costa Blanca gehört sicherlich zu den noch unberührtesten und damit auch günstigsten Abschnitten der spanischen Ostküste. Hier, an der Südspitze Kataloniens, am Übergang von der Costa Dorada zur Costa del Azahar, erwarb die Familie Brenner ein prächtiges Herrenhaus, das in anderen Gegenden – wie etwa auf Mallorca – auch in unrenoviertem Zustand nahezu unerschwinglich gewesen wäre.

Für Agnes und Haakon Brenner stellt das katalanische Domizil nicht nur einen Ferienwohnsitz, sondern den neuen Lebensmittelpunkt dar. Ihr Geschäft im bayerischen Rosenheim wurde aufgegeben und ein ganz neuer Anfang gemacht. Da das Traumhaus sehr groß war, musste eine ausreichend rentable Nutzung gefunden werden. Heute lässt sich eindeutig sagen, dass die zusätzliche Nutzung als Gästehaus von Erfolg gekrönt war. Neben der großartigen Atmosphäre der Villa, der stilsicheren, behutsamen Renovierung und Inneneinrichtung dürfte hierzu sicherlich auch die große Herzlichkeit der Vermieter beigetragen haben. Die auf den oberen Geschossen zur Verfügung stehenden Gästezimmer und drei Appartments werden insbesondere von spanischen Gästen gerne für mehrtägige Aufenthalte genutzt, die sich bestens mit dem Besuch der nahen Strände an der Costa Dorada (katalanisch Costa Daurada) verbinden lassen. Neben Familien mit Kindern haben auch viele Kreative aus Barcelona diesen Ort der Ruhe für Wochenendurlaube entdeckt.

Die in der heutigen Gestalt nach Quellenbelegen mindestens aus dem 18. Jahrhun-

dert stammende Villa diente in früherer Zeit als Herrenhaus der Familie Ayguavives – den Landgrafen von Alcanar –, die in der Umgebung praktisch das gesamte Land besaß. Das Haupthaus war eine sogenannte *Masia*, ein ländlicher Selbstversorgungsbetrieb, in dem fast alle notwendigen Rohstoffe erzeugt und verarbeitet wurden. Auch eine wunderschöne Hauskapelle, die heute noch in ihrem alten Dekor erhalten ist, gehört zum Anwesen.

Als die Familie Brenner Anfang 1995 erstmals ihr Traumhaus besichtigte, war der Zustand weit weniger traumhaft als heute, was aber ihrer spontanen Liebe zu diesem Objekt keinen Abbruch tat. Die Verkäufer hatten das Anwesen um 1980 von den Grafen von Alcanar erworben, waren dann aber in finanzielle Schwierigkeiten geraten und beauftragten schweren Herzens einen Makler mit dem Verkauf. Agnes und Haakon Brenner schlossen

Oben: **Der mit uraltem, mediterranem wie auch tropischem Baumbestand versehene Park wurde erhalten und wird nun wieder fachkundig gepflegt. In seinem kühlen Schatten nehmen die Gäste das Frühstück ein.**
Unten links und rechts: **Francisco bei der Neuverlegung der antiken Fliesen im Eingangsbereich und bei der Erneuerung der Dachdeckung.**
Rechte Seite: **Die wunderbar blaue Loggia scheint in den Park hineinzuwachsen. Der Sessel vom Typ *Equipal* stammt aus Mexiko (Region Guadalajara). Er ist dort vor Ort noch immer zu kaufen.**

zunächst einen auf ein halbes Jahr befristeten Mietvertrag, um das Haus zu testen. Da diese Phase die Liebe zum Haus nur noch verstärkte, wurde im August 1997 der Kaufvertrag unterzeichnet.
Bis die heutige Gestaltung des Anwesens erreicht war, bedurfte es natürlich beträchtlicher Mühen. Die neuen Eigentümer vertrauten bei der Renovierung ihrem sicheren Gespür und orientierten sich stets an der Prämisse, möglichst alles im ursprünglichen Zustand zu erhalten und mit den hergebrachten Techniken und Materialien wiederherzustellen.
Bekannte und Handwerker gaben Tipps, so etwa den Hinweis auf ein ökologisches Farbengeschäft in der Umgebung. Das wiederhergestellte Mauerwerk, das besonders im zweiten Obergeschoss stark beschädigt und an einigen Stellen durchfeuchtet gewesen war, wurde mit Kalkputz versehen und mit Kalkfarbe gestrichen.
Die Anstriche orientierten sich an den Befunden – ein rötlicher Ockerton für die Fassade, Blau für die Untersicht der Loggia und das Kuppeldach der Hauskapelle. Die Befunde an den Fenstern, Klappläden und Türen wurden aufgenommen und in etwas abgewandelten Farbtönen neu interpretiert.
Zu Beginn der Sanierung war das Dach zu reparieren, das der Familie zu Beginn ihrer Zeit in Spanien einen schweren Wassereinbruch beschert hatte. Ein Teil der Holzkonstruktion im Dachbereich musste ersetzt werden; auch an anderen Stellen fand man im Verlauf der Renovierung immer wieder durch eindringende

Links: **Der Salon im Obergeschoß ist mit wertigen Antiquitäten ausgestattet, die die Familie Brenner oft auf dem Flohmarkt in Barcelona entdeckt.**
Rechts: **Blick von der Eingangshalle ins Treppenhaus. Der Boden ist mit antiken Fliesen aus der Zeit der Jahrhundertwende belegt.**

Feuchtigkeit geschädigte Balken, die sukzessive ausgetauscht werden mussten.
Mit der Abdichtung der Terrasse und der Montage einer neuen Wasserableitung wurde die Ursache des Problems behoben. Im Inneren wurden neben den vorhandenen Bodenfliesen auch alle anderen Elemente fast durchwegs belassen. Ein zerstörtes Teilstück der Bodenfliesen im Eingangsbereich wurde mit Fliesen aus dem Bad ergänzt, neue Exemplare wurden in der Küche verlegt.
Die Einrichtungsgestaltung erfolgte unter der Ägide von Agnes Brenner, die vorhandenes Mobiliar gekonnt mit antiquarischen Stücken aus der Region und aus Barcelona sowie mit Erwerbungen von Südamerika-Reisen mischte. Auch die Gästezimmer und Appartments sind in dieser stilvollen Mischung eingerichtet; draußen sorgen ebenfalls Möbel aus Mittel- und Südamerika für einen angenehmen Aufenthalt.
Der Blick von den Terrassen geht über den alten Baumbestand bis zum Meer auf der einen und der Sierra del Montsia auf der anderen Seite – eben ein Ort für Grafen!

Erbauungszeit
vor 1800, erweitert um 1910
Grundstücksgröße
ca. 3400 m²
Wohnfläche
ca. 755 m²
Anzahl der Bewohner
3 / bis zu 18 Gäste
Dauer der Renovierung
1997–1999
Renovierungskosten je m²
ca. 400 DM

Handwerker und Baumaterialien
Bau-Generalunternehmer
Construccions BTA.VILA
C/ Canonge Matamoros 73,
E-43530 Alcanar, Tarragona
Telefon (00 34-9 77) 73 08 31
Schreiner
Fusteria A. Castell
Juli Castell 5, E-43530 Alcanar, Tarragona
Telefon (00 34-977) 73 06 28
Maler
Pinturas Antoni Castro e Ruiz , Canonge Serra 14, E-43530 Alcanar, Tarragona
Telefon (00 34-977) 73 11 38

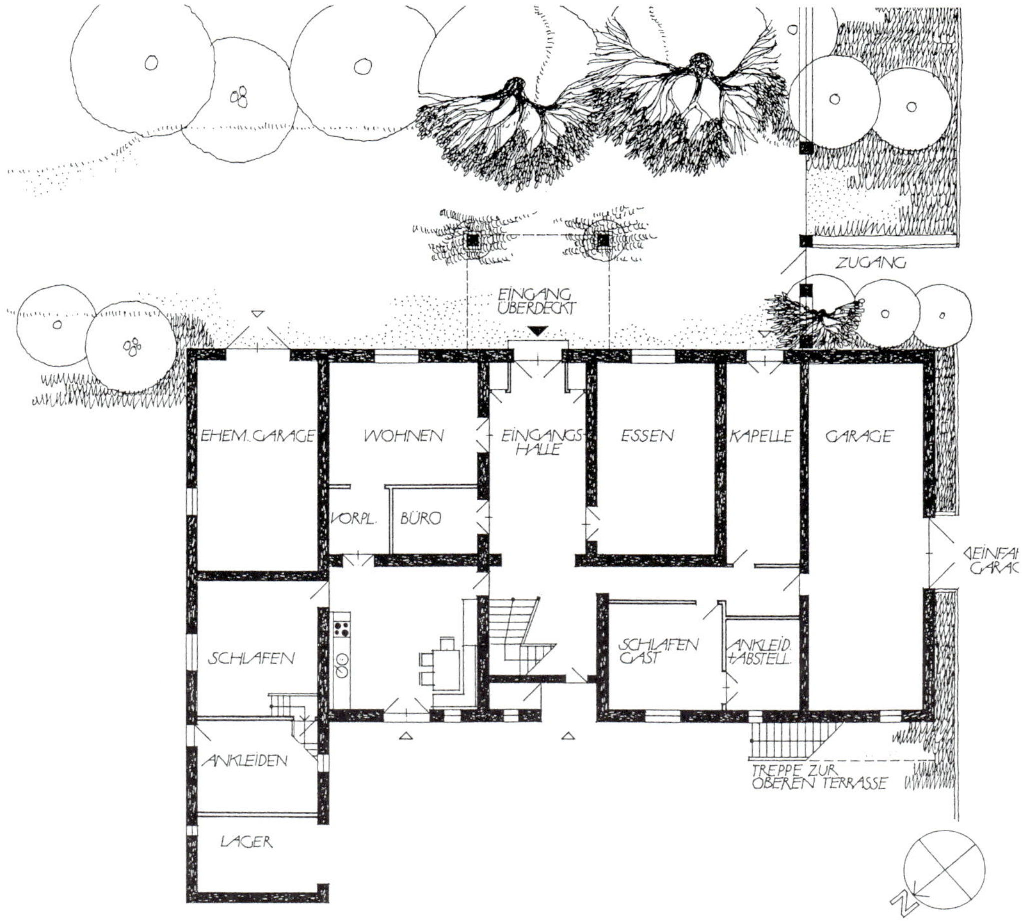

ERDGESCHOSS
NACH UMBAU UND RENOVIERUNG

0 1 2 3 4 5 METER

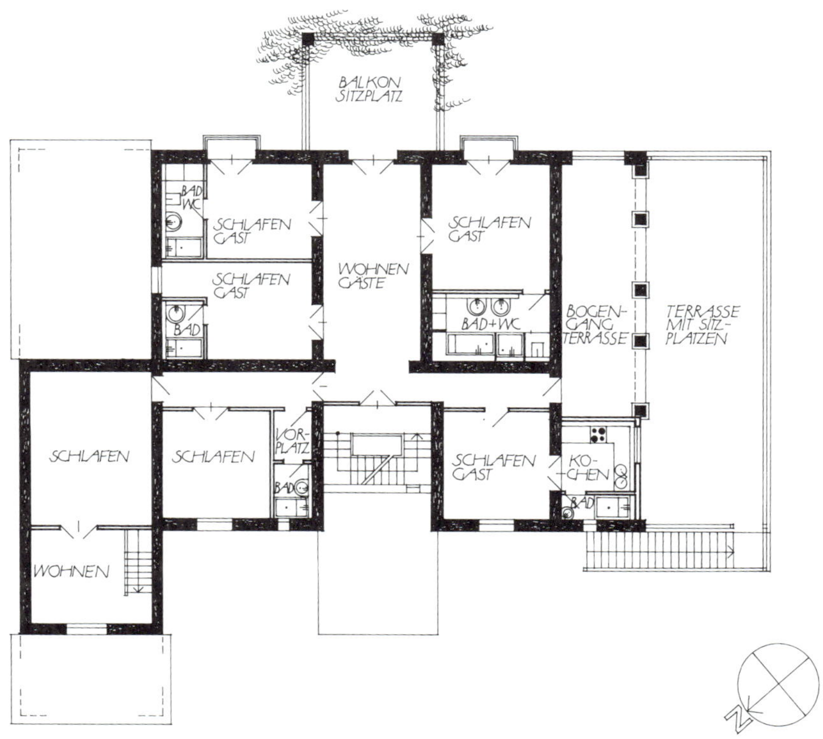

1. OBERGESCHOSS
NACH UMBAU UND RENOVIERUNG

0 1 2 3 4 5 METER

Ökologische Baustoffe

Casa Ecologica
Les Comes s/n, E-43530 Alcanar,
Tarragona
Telefon (00 34-977) 73 21 86

Hersteller blaue Kalkfarbe, Außenanstrich

Drempel-Karea
Apartado 1846, E 20080 San Sebastian
Telefon (00 34-902) 16 03 10

Fliesen und anderes antikes Baumaterial

L'Aldea
an der Straße N 340, zwischen Amposta
und El Perello

Einrichtung

Flohmarkt in Barcelona
Placa de Glories (Mo, Mi, Fr, Sa)

Kontakt- und Buchungsadresse:

Villa Carmen
Agnes und Haakon Brenner
Carretera Nacional N-340, km 1061,5,
E-43530 Alcanar (Tarragona)
Telefon / Fax (00 34-9 77) 73 25 57
www.villacarmen.com
E-mail: info@villacarmen.com

Ganz in südspanischem Weiß: Straßenansicht des von Martin de Gainza erbauten Stadtpalastes mit dem eindrucksvollen Eingangsportal.

Prunkstück fernab der Touristenströme

Ein Palacio in der Sierra Morena

Links: **Nach dem Haupteingang öffnet sich die 450 Jahre alte Eingangstüre zum Patio. Die blau-weißen Azulejos links der Türe stammen aus der Zeit um 1860.**
Rechts: **Unter Palmen: Durch die Arkadenbögen blickt der Besucher auf den vorbildlich restaurierten Patio. Große Bäume in rund gemauerten Hochbeeten sorgen für ein faszinierendes Schattenspiel. Der Bodenbelag besteht aus alten Backsteinen.**

Etwa eine Autostunde nördlich Sevillas erstreckt sich die Sierra Morena, auch Sierra del Norte (de Sevilla) genannt.
In dieser naturbelassenen, nahezu unberührten Landschaft liegt das Städtchen Cazalla de la Sierra. Neben einer bemerkenswerten Kirche, die viele Bauteile einer maurischen Moschee aufweist, finden sich hier zahlreiche wunderschöne Paläste und Stadthäuser. Eines davon geht zurück auf den berühmten Architekten Martin de Gainza, von dem unter anderem auch das Gebäude des andalusischen Parlaments in Sevilla stammt. Die heutige Casa Palacio wurde im 16. Jahrhundert für die Familie Forrero de Guzman – aus Holland emigrierte Hugenotten – erbaut. Ursprünglich war das Gebäude in viele zusammenhängende Räume gegliedert, fünf Salons im Obergeschoss bildeten den Mittelpunkt des Raumkonzepts. Durch Besitzteilungen wurde das Obergeschoss in mehrere kleinere – wenn auch noch immer eindrucksvolle – Räume unterteilt. Seit um 1850 befindet sich das Anwesen im Familienbesitz.
Denkmalpflegerisches Prunkstück dieser aus EU-Mitteln geförderten Sanierung ist das Eingangsportal. Über einige steinerne Stufen gelangt man zunächst in einen Vorraum, von dem aus sich dann eine mehrere hundert Jahre alte Holztür zum Innenhof öffnet. In außergewöhnlicher Manier ragen dort stattliche, in ummauerte Hochbeete gepflanzte Palmen und Nadelbäume zum Himmel hinauf und

Oben: Untersicht des Arkadengangs. Das helle Violett der Holzteile, das mit den ansonsten dominierenden, nach Denkmalbefunden gestalteten Erdtönen eine interessante Farbkombination bildet, war eine Idee der Hausherrin.
Unten: Der Umgang im Obergeschoss wurde bei der Sanierung wieder geöffnet.
Rechte Seite: Der großzügige Wohn- und Schlafsalon der Familie Garrido ist mit im Haus vorgefundenen Familienerbstücken und wunderbar neu geschreinertem Mobiliar ausgestattet. Deckenlüster, Kerzenleuchter und Stühle stammen aus der Zeit um 1700, der Esstisch wurde von den Gebrüdern Ortega angefertigt.

sorgen für ein faszinierendes Schattenspiel vor dem Sitzplatz am Brunnenbecken. Auch die gegenüberliegende Loggia wurde komplett wiederhergestellt; der wundervolle violettblaue Farbton der Holzunterkonstruktion, der hervorragend mit dem dominierenden Weiß und den Brauntönen harmoniert, war eine Idee der Eigentümerin, Esther Garrido.
Über eine Treppe mit kunstvoll geschwungenem Handlauf geht es zum ersten Geschoss empor, wo sich die Wohnräume der Familie Garrido und die stimmungsvollen Appartments befinden. Der Wohn- und Schlafsaal der Garridos ist bis zum Dach geöffnet, sodass die restaurierte Dachkonstruktion mit den darüber liegenden Backsteinen sichtbar ist. Das Rot des Terrakottabodens verschmilzt mit den roten Bezügen von Stühlen und Bett.
Der umlaufende Korridor wurde bei der Renovierung durch die Entfernung zweier später umgebauter Wände wieder hergestellt. Im Gangbereich wurden die Backsteine über der Balkenlage weiß gekalkt. Auch die innen liegenden Holzläden sind weiß gestrichen; durch die großen Fenster wird der Raum vor den Appartments stimmungsvoll belichtet.
Esther Garrido, die selbst Malerin ist, übernahm die Innenausstattung aller Räume; die Einrichtung der Appartments steht nicht im Geringsten hinter den eigenen Wohnräumen zurück. Casa Palacio bietet Wohnqualität im Überfluss sowie die Möglichkeit zu Naturerlebnissen und ausgedehnten Wanderungen in der Sierra del Norte. (Die Buchungsadresse für Interessierte findet sich auf Seite 95.)

Oben: **Detail des sich über zwei Geschosse erstreckenden Eingangsportals mit oberen Abschlüssen.**
Links: **Patio mit Arkadengang und Treppenaufgang zum Obergeschoss. Rechts die Eingangstüre.**

»Ein Patio wie aus dem Bilderbuch, ein Ort zum Entdecken.«

Erbauungszeit
1550

Wohnfläche
ca. 220 m²

Anzahl der Bewohner
2–4 / bis zu 12 Gäste

Dauer der Renovierung
1999–2000

Renovierungskosten je m²
ca. 60.000 Pesetas

Zuschüsse
30% der Gesamtkosten (LEADER I und II – Programm der EU und des Landwirtschaftsministeriums)

Architekt
Carmelo Rodriguez Merchan
C/Felipe II, 4, E-Sevilla
Telefon (00 34-95) 42 36 63 und 42 362 07

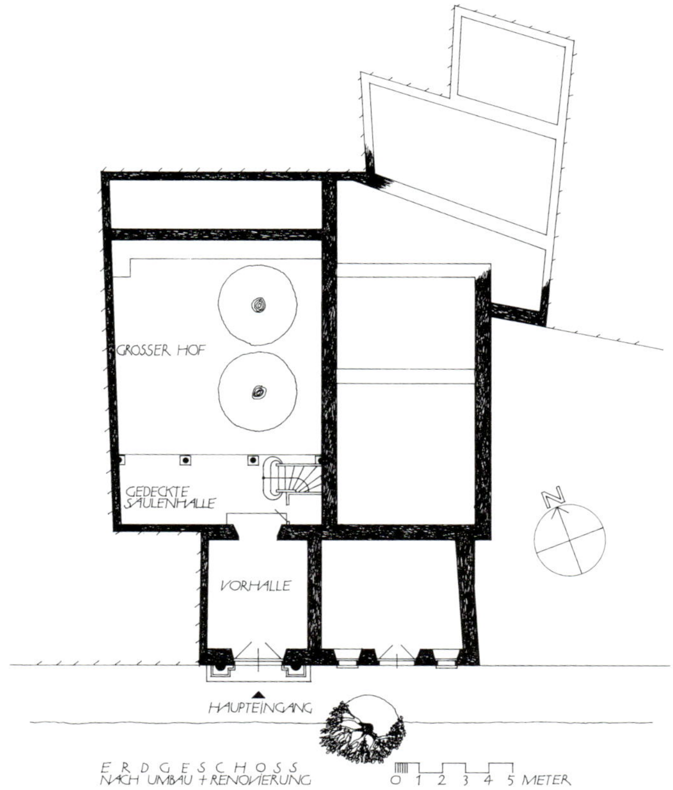

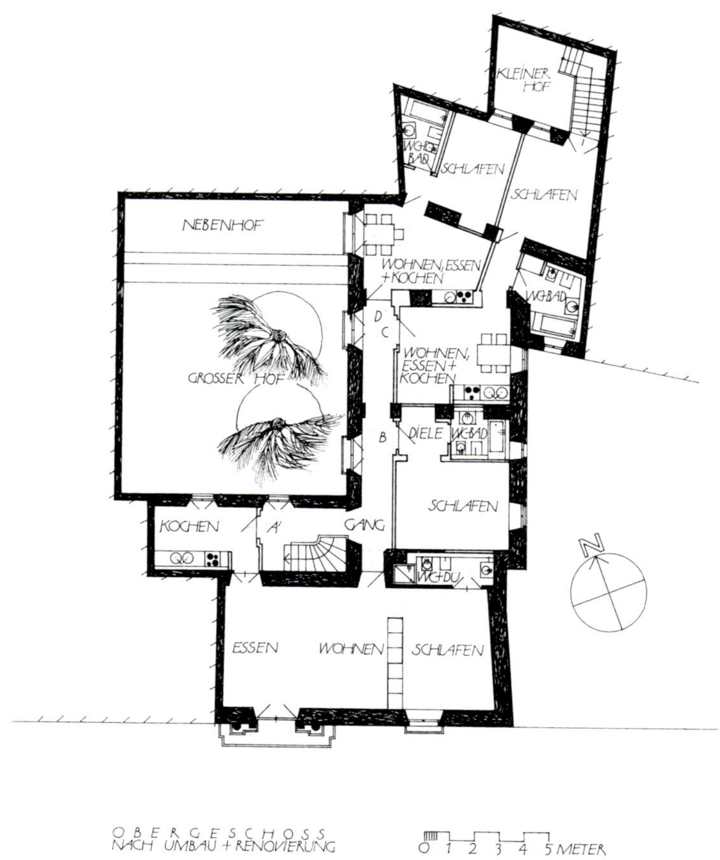

Handwerksbetriebe

Schreiner und Möbelrestaurator

Hermanos Ortega
C/Egido s/n, E-41370 Cazalla de la Sierra, Sevilla

Fliesen/Baukeramik

Isabel Garcia Diez
Poligono Pisa, Sevilla
Telefon (00 34-95) 4 18 57 96

Antiquitätenhändler

Manuel Morales Jodar
San Benito s/n, E-41370 Cazalla de la Sierra, Sevilla

Kontakt- und Buchungsadresse

Casa Andaluza
Karin Joanidopoulos
Eichthalstr. 9, D-81574 München
Telefon (00 49-89) 69 38 13 71
Fax (00 49-89) 69 38 13 72
e-mail: kj@casa-andaluza.de
www.casa-andaluza.de

Zeugnis der Sarazenen

Ein Turm an der Küste des Cilento

Unweit des schon von Homer erwähnten Capo Palinuro, an der südlich von Salerno gelegenen Küste des Cilento, zeugt eine Reihe von alten Wachtürmen von der bewegten Vergangenheit dieses Mittelmeerabschnitts. Der auf das 16. Jahrhundert zurückgehende Turm namens Torre dei Caprioli steht unmittelbar an einem zum Meer abfallenden, von Sand, Pinien und Feigenkakteen bewachsenen Hang. Im Jahr 1593 wurde der Wachturm als Schutz gegen einfallende Sarazenen erbaut. Die Familie Orthmann aus Salzburg erwarb das einmalig gelegene, stimmungsvolle Bauwerk vor nunmehr 40 Jahren. Georg Orthmann verbrachte während seiner Studienzeit einen Gutteil des Jahres in diesem Turm und betrieb hier eine Surfschule. Seine Eltern hatten um 1960 mit der Renovierung des oben teilweise eingefallenen Bauwerks begonnen; zusam-

Seite 96: **Die Küste des Cilento vor der Haustüre: Abendlicher Blick vom Turmzimmer aufs Meer.**
Seite 97: **Zwischen immergrünen Kiefern erhebt sich der Torre dei Caprioli. Die Seeseite wird bei den folgenden Renovierungsschritten noch einen neuen Verputz erhalten.**
Links: **Der Wohnraum mit der Aufgangstreppe zur Dachterrasse. Die aus dem 19. Jahrhundert stammende, einfache Seemannstruhe links der Treppe unterstreicht den Bezug zum Meer. Der hübsche Fliesenbelag stammt aus der Zeit um 1960.**
Rechte Seite: **Sitzplatz wie auf der Schiffsbrücke: Geradlinig und äußerst stilsicher zeigt sich die Ausstattung des Essplatzes, die den einfachen Charakter des Küstenwachturms perfekt erhalten hat. Der Sekretär ist eine Antiquität von um 1900, Esstisch und Stühle wurden von Schreiner Veneri nach individuellen Entwürfen um 1960 sonderangefertigt. Der naturfarbene Wandbehang links hinter der Bank ist eine Webarbeit von Georg Orthmann.**

men mit seiner Frau Dolores setzte er diese Arbeit bis heute in Etappen fort. So wurde der außergewöhnliche Zweitwohnsitz nach und nach in vorbildlicher Weise renoviert, ohne den besonderen Reiz zu zerstören.
Bis heute behielt der Turm seinen ursprünglichen Grundriss und auch seine Fassadengestalt weitgehend bei. Ein kleines Fenster öffnet sich bullaugenartig nach Westen und erlaubt den Ausblick auf den Sonnenuntergang. Das mehrflügelige Fenster im Wohnzimmer im Obergeschoss erhellt einen unter einer Nische eingerichteten Sitzplatz. Von hier aus sieht man durch die Zweige der Zypressen bis hinüber zum Capo Palinuro. Vom Wohnraum führt eine Treppe nach oben auf die Aussichtsterrasse. Eine neu aufgemauerte Außentreppe verbessert die Erschließung und macht die Räume optimal nutzbar. In der vom Bad aus zugänglichen ehemaligen Zisterne richteten die Orthmanns ein Schlafzimmer mit viel Atmosphäre ein. Um die relativ beengten Verhältnisse des Turmes zu erweitern, wurde ein zusätzlicher erdgeschossiger Baukörper geschaffen, der als zweites Schlafzimmer dient. In der Zukunft steht als nächstes an, die beiden verbleibenden Außenfassaden vom Putz befreien und in neuem Glanz erstrahlen zu lassen.

Erbauungszeit
1593
Grundstücksgröße
ca. 9000 m²
Wohnfläche
ca. 85 m² sowie 64 m² Terrasse
Anzahl der Bewohner
4–6 Personen / 2 Gäste
Dauer der Renovierung
1960 bis heute (in Etappen)

Handwerker
Bau- und Möbelschreiner
Fabbrica Antonio Veneri
Mobili e Infissi
Loc. Olivella/ Palinuro, I-85064 Centola
Telefon 00 39-09 74-3 18 66

Kontakt- und Buchungsadresse
Dolores und Georg Orthmann
Telefon 00 43-76 62-42 29 02
E-mail: orthmann@netway.at

Zwischen Bergen und Meer

Ein altes Dorfhaus in Ligurien

Ein Haus nahe dem Meer, aber abseits des Touristenrummels – wer träumte nicht davon? Die Künstlerin Beatrice Brauen hat sich diesen persönlichen Traum verwirklicht. Nur wenige Autominuten vom viel besuchten Seebad Imperia entfernt, glaubt man sich hier in eine andere Welt versetzt; die Nähe der acht Kilometer entfernten Riviera ist spürbar, aber in dem kleinen Dorf in Ligurien gehen die Uhren doch noch ganz anders, alles scheint sich eher nach einem uralten Lebensrhythmus zu bewegen.

Die Atmosphäre des Dorfes und des Hauses zog Beatrice Brauen und ihren Mann bereits bei der ersten Besichtigung im Jahr 1984 unwiderstehlich an. Wenn es bei Gebäuden eine Liebe auf den ersten Blick geben kann, dann trifft der Ausdruck in diesem Fall sicher zu, denn es handelte sich um das allererste Haus, das die Brauens überhaupt besichtigten. Im benachbarten Tal wohnende Freunde aus der Schweiz hatten den Tipp gegeben und den Kontakt mit dem damaligen Besitzer hergestellt. Ohne langen Verzug wurde nach Abklärung der notwendigen rechtlichen und finanziellen Modalitäten der Kaufvertrag unterzeichnet. Erworben wurden die oberen Geschosse, das Erdgeschoss mit dem Alimentari verblieb beim alten Besitzer.

Im Jahr darauf begannen die Renovierungsarbeiten, die sich über insgesamt

Seite 100: **Stimmungsvoller Dachgarten mit Blick auf das ligurische Küstengebirge. Tisch und Stühle sind antiquarisch (um 1900). Die bei der Renovierung neu geschaffene Terrasse wurde mit einem Belag aus Terrakottaplatten versehen.**
Seite 101: **Die zugemauerten Bögen der Dachloggia wurden im Zuge der Sanierung wieder geöffnet. Beatrice Brauen nutzt dieses stimmungsvolle Freiluft-Atelier sooft es nur geht.**
Oben: **Die Aussicht von der Dachterrasse mit Dorf und Kirche.**
Mitte: **Gesamtansicht des Dorfhauses vor Abschluss der Renovierung.**
Unten: **Das zweite Obergeschoss vor der Renovierung.**
Rechte Seite: **Exklusive Wohnküche in Rot und Weiß: Im meistgenutzten Raum des Hauses, der sich unter alten Kreuzgewölben befindet, wurden Ausstattung und Einrichtung aus mehreren Jahrhunderten sicher kombiniert. Beim neuen Standkühlschrank (Candy) harmonieren Sofa und Tisch aus der Biedermeierzeit mit den beiden klassischen Freischwingern.**

sechs Jahre erstreckten. Aufgrund der begrenzten Finanzmittel musste viel Eigenleistung investiert werden. Da die Brauens zu diesem Zeitpunkt noch ihren Hauptwohnsitz in der Schweiz hatten, konnte insgesamt nur jeweils drei Monate pro Jahr am Haus gearbeitet werden. Teils halfen Freunde, teils wurden örtliche Handwerker beigezogen.
Der Zustand des Hauses erforderte eine Reihe von Reparatur- und Instandsetzungsarbeiten. Der gesamte schadhafte Putz musste abgeschlagen werden; alle Außenwände wurden komplett mit neuem Mineralputz, der einen geringen Zementanteil aufweist, versehen. Hervorragend

zum Haus passende, günstige Holzsprossenfenster wurden aus der Schweiz importiert und mit diffusionsoffener weißer Farbe gestrichen.
Bei der Eingangstür entschied man sich für einen tiefen Grünton, der mit dem Grau der steinernen Aufgangstreppe und dem Weiß der Fassade wunderschön harmoniert. In der Türlaibung aus schwarzen Schieferplatten ist unter anderem die Jahreszahl 1733 eingeritzt, die aber wohl eher auf einen Umbau des Eingangsbereichs als auf die Erbauungszeit des Hauses verweist.
Die Errichtung des Gebäudes selbst geht mindestens auf das 17. Jahrhundert zu-

»Weiße Wände und Fliesen lassen den tiefen Gewölberaum hell erstrahlen.«

Oben links: An der Wand fügt sich das Kunstwerk von Beatrice Brauen (»Hundebild«, Collage/ Malerei, 1997) in das Farbkonzept des Raumes ein. Der neu aufgemauerte Schamottofen rechts liefert über seine zweite Rohrleitung warme Luft für die Beheizung des Obergeschosses.
Unten: Der Sohn von Beatrice Brauen entwarf und baute diese filigrane Stahltreppe, die von der Küche zur Dachloggia führt. Die selbst entworfene Küche ist mit einer schwarzen Marmorplatte versehen.

rück. Das weitgehend unversehrte Dach konnte verbleiben; die Tonplatten wurden lediglich unterseits, wie in Ligurien traditionell üblich, mit Schieferplatten neu befestigt. Die unter dem Dach befindliche Loggia diente früher als Rauchküche. Zwei der zum Zeitpunkt des Kaufs zugemauerten Bögen wurden wieder geöffnet. Um die Aussicht über die ligurischen Berge noch besser genießen zu können, wurde neben der Loggia eine Terrasse gebaut, die heute wie ein kleiner Garten Eden über den Dächern des Dorfes wirkt. Der Terrassenbelag aus Terrakottaplatten fügt sich in Farbe und Material nahtlos in die Dachlandschaft ein.
Im Inneren stellte sich den neuen Besitzern die Aufgabe, den ursprünglich einmal

Raumeindruck vom zweiten Obergeschoß: Links der skulptural wirkenden, gemauerten Treppenbrüstung hat ein 80 Jahre alter, von Beatrice Brauens Großmutter entworfener Sessel seinen Platz gefunden. Der Empire-Sekretär rechts führt friedliche Koexistenz mit dem modern klassischen Schreibtischstuhl. Die Installation links des Sekretärs stammt von Beatrice Brauens Tochter, Rita Siegfried (»Disordine«, 1995).

vorhandenen großzügigen Raumeindruck wiederherzustellen. Gleich zu Beginn betritt der Besucher die heutige Wohnküche mit dem eindrucksvollen Kreuzgewölbe, das ebenso wie die Wände weiß getüncht wurde. Dieser Teil des ersten Obergeschosses gehört zusammen mit der Loggia und dem Ladengeschäft im Erdgeschoss, das einst als Viehstall diente, zu den ältesten Teilen des Hauses. Allerdings mussten hier wie auch in den übrigen Räumen die Böden herausgenommen und neu verlegt werden, da die vorhandenen unter alter Auslegeware verrottet waren. Die heutigen weißen Fliesen bringen Helligkeit in die Räume und verleihen dem Gebäude eine besonders klare, fast puristische Note.

Von der Küche führt jetzt über eine neu eingebaute Stahltreppe eine direkte Verbindung zur Loggia und zur Dachterrasse. Auf der gleichen Ebene wie die Wohnküche befindet sich das große Gästezimmer, das der Sohn von Beatrice Brauen mit Frau und Kindern sooft wie möglich nutzt. Ansonsten kann diese sehr stimmungsvolle Studiowohnung von Feriengästen gemietet werden, die Naturerlebnisse im Herzen Liguriens mit Strandbesuchen an der Riviera dei Fiori kombinieren möchten. Links des Gästetrakts führt eine alte, steinerne Innentreppe zu den Räumen des zweiten Obergeschosses mit dem Wohn-Atelier und dem Schlafzimmer.

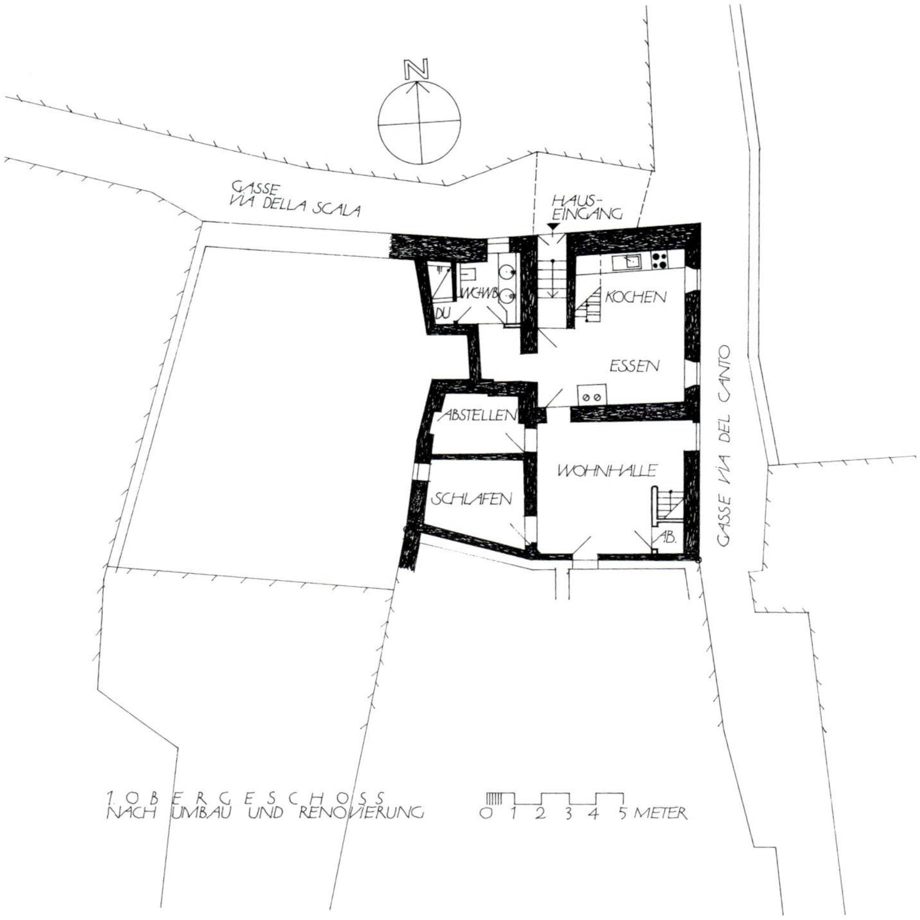

Erbauungszeit
17. Jahrhundert oder früher

Grundstücksgröße
ca. 120 m²

Wohnfläche
200 m²

Anzahl der Bewohner
1–5/ bis zu 2 Feriengäste

Dauer der Renovierung
1985–1990

Renovierungskosten je m² Wohnfläche
ca. 1000 SFr

Handwerker und Bezugsadressen

Ofenbauer
Fredi Benz
Alte Bernstraße 4, CH-3177 Laupen
Telefon 00 41-31-7 47 81 72

Marmor
Laboratorio Marmi
Guglielmo Francesco & Co.
Viale Rimembranze 20, I-18100 Imperia
Telefon 00 39-01 83-6 08 87

Empfehlenswerter Maurer
Massimo La Rocca
Via Regina Elena 4, I-18100 Caramagna (Imperia)
Telefon 00 39-01 83-65 21 88

Empfehlenswerte Gärtnerei
Fa. Sicardi, Caramagna
(direkt an der Straße von Caramagna nach Porto Maurizio)

Kontakt- und Buchungsadresse
Beatrice Brauen
Telefon (00 39-01 83) 6 92 33

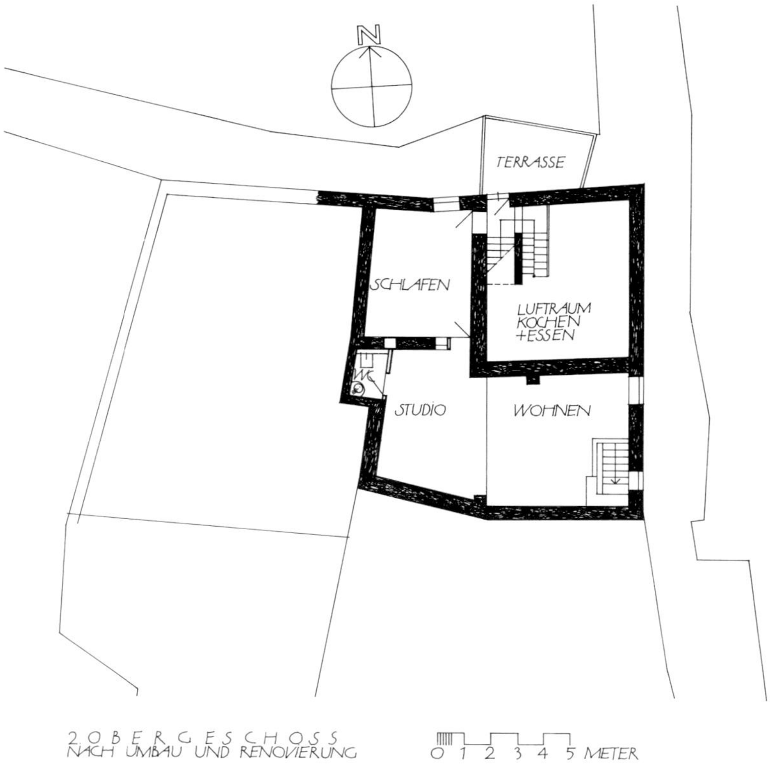
N
TERRASSE
SCHLAFEN
LUFTRAUM
KOCHEN
+ESSEN
WC
STUDIO
WOHNEN
2.OBERGESCHOSS
NACH UMBAU UND RENOVIERUNG
0 1 2 3 4 5 METER

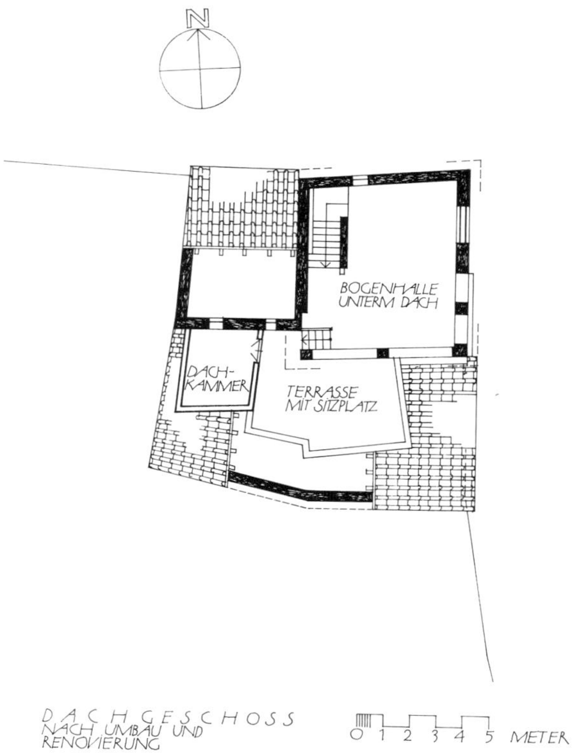
N
BOGENHALLE
UNTERM DACH
DACH-
KAMMER
TERRASSE
MIT SITZPLATZ
DACHGESCHOSS
NACH UMBAU UND
RENOVIERUNG
0 1 2 3 4 5 METER

Ansicht des imposanten Schlosses von Südwesten.
Rechte Seite: Der wundervoll angelegte, historische Garten umgibt das Schloss auf drei Seiten (hier die südwestliche Seite) mit kunstvoll geschnittenen Lorbeerbäumen, Buchshecken und Rosenbeeten.

Das Schloss der Träume

Ein mittelalterliches Kastell in den sienesischen Hügeln

Ein Sträßchen, das sich vom Vico d'Arbia die Hügel hinaufschlängelt, führt zum »Castello delle Quattro Torri«, dem Schloss der Vier Türme. Der von Siena kommende Besucher nimmt bereits von weitem das mittelalterliche Kastell wahr, das auf einem Hügel thronend die toskanische Landschaft überragt.
Eingebettet in Olivenhaine und Weinberge, aus deren Trauben heute noch die wohlschmeckende Chianti-Hausmarke im eigenen Weinkeller gekeltert wird, erheben sich die vier roten Backsteintürme der als nationales Kulturdenkmal eingetragenen Anlage. Fast scheint es, als würden im nächsten Augenblick vor ihren Toren die

Oben und unten: Dieses kürzlich ausgebaute, unvergleichlich stimmungsvolle Turmgemach mit umlaufender Galerie steht Gästen offen.
Rechte Seite oben: Ruhen unter Jahrhunderte altem Gebälk: ein Schlafzimmer im dritten Obergeschoss.
Rechte Seite unten: Im Esszimmer ergänzen sich Hellblau- und Brauntöne zu einem stimmungsvollen Ganzen. Links der Durchgang zum Arbeitszimmer und zum Turm.

»Wohnen wie zur Zeit der Medici, in einem traumhaften Turmgemach.«

Schlachten der Ghibellinen und Guelfen nochmals ausgetragen werden. Zur Republik Siena gehörend, diente das im 12. Jahrhundert errichtete Kastell ursprünglich rein militärischen Zwecken; damals noch »Fortezza de Santa Regina« genannt, besaß es zunächst nur die vier um einen Innenhof gebauten, durch hohe Mauern verbundenen Türme. Wohl als der militärische Aspekt nach dem Ende der sienesischen Republik 1555 nicht mehr von Bedeutung war, kamen innerhalb der Anlage zusätzliche Gebäudeteile hinzu, die zum Wohnen dienten. Im nordwestlichen Turm ist die Hauskapelle untergebracht, die bereits in einer päpstlichen Bulle von 1452 genannt wird.
Das Anwesen war ursprünglich von ausgedehntem Großgrundbesitz umgeben. In Urkunden erscheinen als frühe Besitzer unter anderem die sienesische Patrizierfamilie Cinughi und die Bankiersdynastie der Bichi, die das Kastell im Jahre 1376 erwarb. Im 14. und 15. Jahrhundert war der ländliche Palazzo ein Zentrum der höchsten sienesischen Gesellschaft und Schauplatz zahlreicher Feste. Nach einigen Besitzerwechseln geriet das Kastell in den Jahren um 1550 in die kriegerischen

Oben: **Von den Turmzimmern blickt man über die Dächer des Kastells bis nach Siena.**
Unten: **Antiker Kamin und Spiegel in der großzügigen, höchst anspruchsvoll ausgestatteten Gästewohnung.**
Rechte Seite: **Das Wohnzimmer mit dem antiken Esstisch lädt zum herrschaftlichen Speisen ein.**

Wirren zwischen Siena und Florenz und wurde mehrmals von den verschiedenen Parteien, nach der Einnahme Sienas dann endgültig von den Truppen Cosimo de Medicis besetzt. Die meisten der wertvollen Möbel und Antiquitäten wurden anschließend geplündert, jedoch erlitt das Gebäude selbst keine nennenswerten Zerstörungen. Heute befindet sich das Kastell im Besitz der Familie Ponticelli-Guerrini, die es seit 1856 durch zahlreiche Renovierungsvorhaben erhalten und, wo es notwendig war, behutsam den aktuellen Wohnanforderungen angepasst hat. So wurden beispielsweise zusätzliche Raumabteilungen geschaffen und Fensteröffnungen verändert. Unmittelbar nach dem Zweiten Weltkrieg wurden die Dachdeckung und ein Teil der Dachkonstruktion erneuert, wobei jedoch die jahrhundertealten Balken erhalten blieben. Später ist die westseitige, vormals offene Loggia geschlossen worden, um das gesamte Geschoss ganzjährig bewohnbar zu machen. Große Fenster holen nach wie vor ausreichend Licht in die Innenräume. Ansonsten entspricht die innere und äußere Gestalt des Kastells weitestgehend dem Stand von vor nahezu 500 Jahren. Laura Guerrini bewohnt das zweite Geschoss, ihre Schwester mit deren Ehemann die darunter liegende Wohnebene. Das zweite Stockwerk kann als der eigentliche Mittelpunkt, das Herz des Kastells

Oben und unten: Die einfallsreich und bodenständig dekorierte Küche im nordwestlichen Turm mit dem backsteingemauerten, unverputzten Kamin.

»Ein Kastell als Stillleben der Geschichte.«

angesehen werden. Der große, über die Hauptaufgangstreppe erreichbare Saal bietet unter anderem Platz für eine riesige Speisetafel, eine Sitzecke vor dem großen offenen Kamin und einen Arbeitsplatz, ohne dass die Großzügigkeit des Raumeindrucks im Mindesten geschmälert würde. Die sichtbare Dachkonstruktion mit den alten hölzernen Dachbalken, den Sparren und den darüber liegenden Tonplatten trägt ihren Teil zum Raumerlebnis bei. Vom Hauptsaal zweigen Zugänge zu insgesamt sechs weiteren Schlaf-, Wohn- und Esszimmern ab. Von den Räumen dieser Ebene sind auch die Schlosstürme zu erreichen. Einer dieser Türme wurde kürzlich renoviert und zu einem höchst stimmungsvollen Galerie-Appartment umgestaltet, das einen weiten Ausblick auf die südlich gelegene Crete und über die sienesischen Hügel bis nach Siena bietet. Wer es lieber etwas bodennäher mag, kann ein stimmungsvolles Appartment im ersten Obergeschoss beziehen, das mit hochwertigen Antiquitäten und einem wundervollen offenen Kamin aus Pietra-Serena-Stein ausgestattet ist; die zugehörige Küche ist im Turmzimmer untergebracht. Zudem besteht die Möglichkeit, eine Junior Suite mit Bed und Breakfast anzumieten. (Die Kontakt- und Buchungsadresse für alle Appartments findet sich auf der folgenden Seite.)

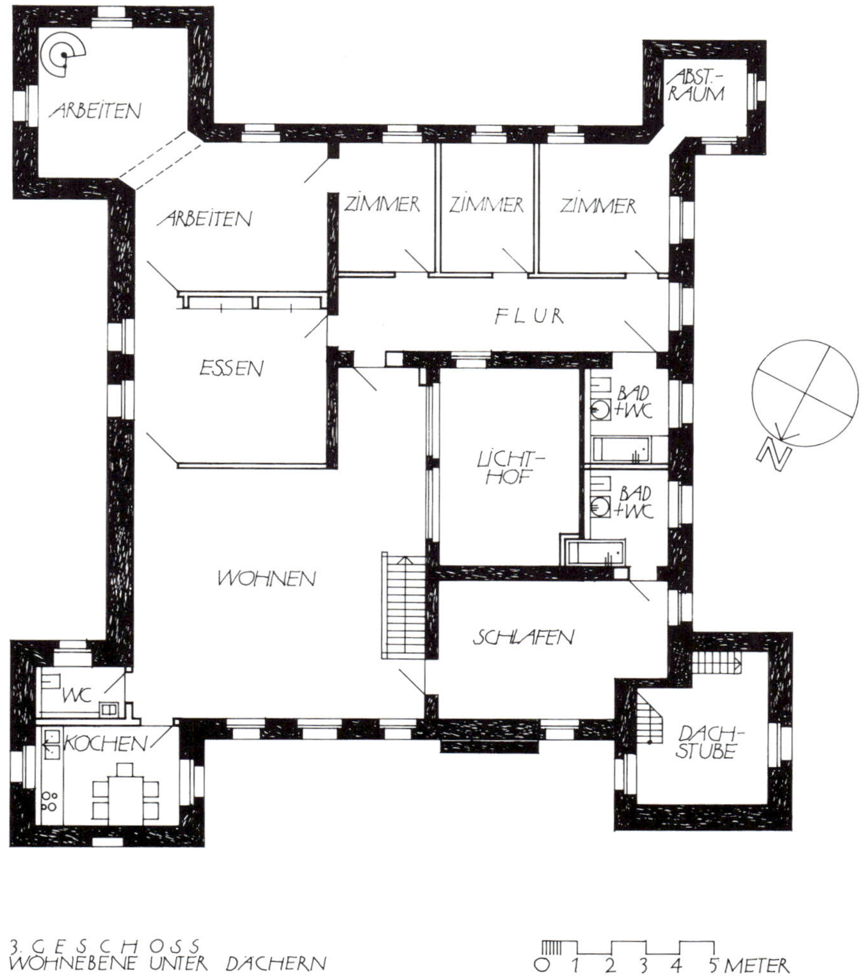

Erbauungszeit

Erste Hälfte des 12. Jahrhunderts, später verschiedene Veränderungen und Erweiterungsbauten

Grundstücksgröße

keine Angaben

Wohnfläche des Hauses

keine Angaben

Anzahl der Bewohner

3–5 / bis zu 6 Feriengäste in einer Junior-Suite und einem Appartment

Renovierungskosten je m² Wohnfläche

aufgrund der sich über lange Zeiträume erstreckenden Renovierungsarbeiten nicht exakt festzulegen

Kontakt- und Buchungsadresse

Die Versteckte Toskana, Reiseentwürfe von Bettina Röhrig
Loc. Luia 42, I-50050 Fiano (FI),
Telefon / Telefax (00 39-05 71) 66 95 16
www.versteckte toskana.com
E-mail: info@versteckte toskana.com

Empfehlenswerte Architekten im Raum Siena

Studio Architettura
Casato di Sotto 15, I-53100 Siena
Telefon (00 39-05 77) 24 73 42
Fax (00 39-05 77) 24 95 78
Studio Associato di progettazione (Architetti Barsacchi, Mazzini, Salvadori, Vidotto)
Via Montanini 18, I 53100 Siena
Fax (00 39-05 77) 28 61 49
Fabrizio Mezzedimi,
Telefon (00 39-05 77) 4 50 92
Francesca Luccarelli,
Telefon (00 39-05 77) 27 02 92
Carlo Nepi,
Telefon (00 39-05 77) 4 43 47
Alessandro Bagnoli,
Telefon (00 39-05 77) 4 04 68

Handwerksbetriebe

Adressen von Handwerksbetrieben können bei Bedarf über die Agentur bei der Besitzerin erfragt werden.

Rechte Seite: Dass in dieser Küche einst eine Olivenmühle arbeitete, ist kaum noch zu glauben. Die Tischplatte besteht aus Carrara-Marmor, die Stühle wurden nach englischen Vorbildern 1993 vom Schreiner neu gebaut. Links der Türe steht der um 1850 angefertigte Kinderstuhl von Karin Gilliams Sohn Philip. Das Vorhangmuster ist nach einer Originalvorlage von Raoul Dufy gestaltet (»L'Exotique«, 1935, Lizenz beim Musée des Arts Decoratifs, Paris). Ihre hervorragenden Kochkünste praktiziert Karin Gilliam auf einem französischen Eisenherd von um 1850, der mit modernen Gaskochstellen bestückt wurde. Eine umgerüstete alte Petroleum-Hängeleuchte erhellt den Raum.

Dem Meer so nah und mitten auf dem Land

Eine ehemalige Mühle in der Maremma

Landhausidylle im Grünen: Ansicht des Gebäudes von Süden mit den Haupteingängen. Ganz links ein Sitzplatz für Gäste.

Nicht selten ist es der Fall, dass ein unglaublich schön renoviertes Haus die darin steckenden Mühen nicht erkennen lässt; so ist es auch bei »Mulino Rotone«, dem Traumhaus von Karin Gilliam und ihrem Mann. Sehr gut erinnert sich Karin Gilliam allerdings noch an ihren im wahrsten Sinne mit vielen Mühlsteinen gepflasterten Weg: Sie sieht sich und ihren Mann als typisches Beispiel zweier begeisterter Enthusiasten, die sich weiten Herzens, mit viel Mut und nicht allzu viel Geld an die Verwirklichung ihres gemeinsamen Traums gemacht haben, ohne die Tücken der Wegstrecke immer ganz absehen zu können. Aber alle Schwierigkeiten mit Haus und Handwerkern wurden letztlich überwunden, um den Lebenstraum vom Domizil im Süden in die Tat umzusetzen.
Zu Beginn der Haussuche stand im Grunde nur fest, dass es ein Anwesen in der Toskana sein sollte. Hunderte von besichtigten Ruinen und Rusticos später standen Franklin und Karin Gilliam dann vor dem Haus ihrer Träume, in das sie sich sofort verliebten. Kein Flehen der Familie und kein ungläubiges Entsetzen von Bekannten ob des Zustands ihres Traumobjekts konnte sie mehr vom Kauf abbringen.
Zum Zeitpunkt des Erwerbs stand das Haus bereits seit 20 Jahren leer. Es fehlten Fenster und Türen, ein Drittel der 500 m² Dachdeckung war eingebrochen, von den insgesamt 24 Räumen waren nur vier

Oben: **Die ehemalige Mühle (hier das westliche Hauseck beim ehemaligen Stallbereich) ist auf der Gartenseite von einem dichten Saum aus herrlich blühenden Oleanderbüschen und Pinien umgeben. Gut zu erkennen ist hier, wie sorgfältig das einst marode Mauerwerk saniert wurde.**
Mitte: **Der ehemalige Mühlensaal diente vor der Renovierung als Rinderstall.**
Unten: **Zustand des Anwesens vor der Sanierung mit Rinderkoppel. Das im ersten Obergeschoss angehängte WC wurde entfernt.**

trocken. Die Fußböden waren teils wegen Durchfeuchtung bis in den Keller hinuntergebrochen. Zeitweise war das Gebäude, das sich im Besitz des im Schloss von Castagneto-Carducci ansässigen Conte Gherardesca befand, von bis zu fünf Bauernfamilien bewohnt gewesen. Bis unmittelbar zum Zeitpunkt des Kaufs war das Anwesen zur Zucht von Maremma-Rindern genutzt worden.
Der marode Zustand von »Mulino Rotone« hinderte Karin und Louis Franklin Gilliam nicht daran, sofort in die wenigen bewohnbaren Räume einzuziehen und von dieser »Zelle« aus mit der Renovierung zu beginnen – anfangs übrigens noch ohne fließendes Wasser und Elektrizität!
Als es ans Werk ging, musste der fast durchweg schadhafte Putz mit großem Aufwand abgeschlagen werden, die Natursteine waren neu zu verfugen. Neue Schornsteine wurden ebenfalls wie früher aus Natursteinen aufgemauert. Schreiner Sozzi und Kunstschlosser Ferrobattuto fertigten Türen, Fenster und Fenstergitter nach dem alten Vorbild neu.
Der damalige Stall im Untergeschoss, in dem sich auch eine früher von Eseln bewegte Ölmühle befand, ist mit seinem imposanten Gewölbe und den Rundbögen aus Backstein heute das Prunkstück des

Oben: Garten und Haus bilden auch auf der Nordostseite eine gestalterische und farbliche Einheit. Der Rotton der Mauern harmoniert vollendet mit dem komplementären Grau-Grün des Rosmarins und der Zypresse, die dem sehr breiten Gebäude eine horizontale Note entgegensetzt. Das halb dahinter versteckte, halbkreisförmige Fenster belichtet den Mühlensaal.
Unten: Der Kücheneingang wird von Kamelien in Terrakottagefäßen (Keramik-Werkstatt Bitossi) eingerahmt. Der dunkelgrüne Farbton der Türe fand sich an toskanischen Bauernhäusern sehr häufig. Bei der Wandleuchte handelt es sich um eine elektrifizierte Schiffslaterne.

Hauses. Die aufgrund des geringeren Aufwands sandgestrahlten Kreuzgewölbe sehen zwar wie neu aus, aber dieser Eindruck täuscht: Der gesamte Bereich blieb vollständig im alten Zustand erhalten. Die Wände wurden ausgebessert und abschließend mit weiß eingefärbtem Verputz versehen. Anstelle von gestampftem Lehm wurden auf dem Boden nach Einbringung des notwendigen Unterbaus hochkant gestellte Ziegel im Fischgrätmuster verlegt, die jeweils von Quadraten aus Holzbohlen mit 160 cm Seitenlänge eingefasst werden. Der »Künstler-Maurer« Salvatore Mammoliti hat diese schwierige Aufgabe nach dem Entwurf Karin Gilliams zur größten Zufriedenheit der Hausherrin ausgeführt.
Der 120 m² große, höchst stimmungsvolle Saal wird heute aufgrund seiner grandiosen Akustik für klassische Konzerte genutzt. Daneben dient der Raum auch für Ausstellungen, Feiern, Tagungen und andere Gelegenheiten. Die Bildhauerarbeiten des inzwischen verstorbenen Franklin Gilliam bilden hierfür die perfekte Kulisse. Nicht zuletzt veranstaltet die passionierte Köchin Karin Gilliam zusammen mit einem Freund von Zeit zu Zeit sehr empfehlenswerte Kochkurse. Der Gebäudeteil mit dem ehemaligen

Im Saal des Obergeschosses fungiert ein mächtiger Vitrinenschrank als Raumteiler. Der in Spanien gefertigte Stuhl beim Schrank stammt vom Beginn des 20. Jahrhunderts, der Schreibtischstuhl Karin Gilliams im Vordergrund aus dem 19. Jahrhundert. Das Ölgemälde an der Wand (»Zebraausritt«, 1975) ist ein Werk Karin Gilliams. Es war Teil einer Serie von 42 Bildern, mit denen sie unter ihrem Künstlernamen Karin Wiesmann einen surrealistischen Kinderfilm gemacht hat (Sammelband »Am Montag fängt die Woche an«, erschienen bei Beltz und Gelberg).
Rechte Seite: **Wo einst Olivenöl gepresst und Rinder gefüttert wurden: Blick durch den riesigen, vorbildlich restaurierten Mühlensaal zum Gartenausgang. Die steinernen Früchte auf Sockeln sind Bildhauerarbeiten von Franklin Gilliam.**

Mühlensaal und Stall ist der älteste von drei zu unterschiedlichen Zeiten entstandenen Bauabschnitten. Aber auch im später zugebauten, westlich anschließenden Trakt waren zum Zeitpunkt des Erwerbs noch Mühlen untergebracht – im Obergeschoss mit dem heutigen Wohnzimmer eine Getreidemühle, in der Küche darunter eine zweite Olivenmühle; wo heute Herd und Backofen stehen, waren 1985 noch Mühlsteine aufgestapelt!
Der an das Reich von Karin Gilliam anschließende westlichste Teil des Gebäudes mit verschiedenen geschützten Sitz- und Rückzugsplätzen ist in mehrere unterschiedlich große und sehr ansprechend gestaltete Ferienappartments unterteilt. Viele Gäste kehren immer wieder hierher zurück, um Ruhe und Naturerlebnisse zu suchen, die Maremma und den Chianti zu erkunden oder einen Abstecher zum nur sechs Kilometer entfernten Strand zu machen. Wer Mulino Rotone gesehen hat, kann sich der unwiderstehlichen Anziehungskraft dieses Ortes eben nicht mehr entziehen.

Erbauungszeit
ältester Teil um 1630, Erweiterung um 1730

Dauer der Renovierung
1985–1994

Grundstücksgröße
13000 m²

Wohnfläche des Hauses
ca. 600 m²

Anzahl der Bewohner
bis 4 / bis zu 20 Feriengäste in fünf Appartments

Renovierungskosten je m² Wohnfläche
ca. 500,– DM

Handwerker

Maurer
Giancarlo Franchi
Loc. Fornachelli 254, I-57022
Castagneto-Carducci (LI)
Telefon (00 39-05 65) 763 94 54

Maurer-, Verputz- und Bodenverlegearbeiten
Salvatore Mammoliti
Via F.lli Cervi 37,
I-57024 Donoratico (LI)
Telefon (00 39-05 65) 77 61 36

Bau- und Möbelschreinerei
Vasco Sozzi
Via Costia Mandorli 74,
I-57022 Castagneto-Carducci (LI)
Telefon (00 39-05 65) 76 33 77

Kunstschlosserei
L'Artiera Vulcanus
Via Aurelia 76 a, I-57020 Bolgheri (LI)
Telefon / Fax (00 39-05 65) 74 97 74

Baumaterialien, Pflanzgefäße und Innenausstattung
Handgeformte Keramikgefäße
Bitossi Terrecotte
Via Ginori 62, I-57023 Cecina Mare (LI)
Telefon (00 39-05 86) 62 02 19

Antikes Baumaterial und Mobiliar
Epoque de Anselmi
Via Aurelia Nord 2,
I-57024 Donoratico (LI)
Telefon (00 39-05 65) 77 62 11

Kontakt- und Buchungsadresse
Karin von Jutrzenka Trzebiatowski-Gilliam
Mulino Rotone,
I-57022 Castagneto-Carducci (LI),
Telefon (00 39-05 65) 76 33 28
www.mulino-rotone.com
E-mail: gilliam@infol.it

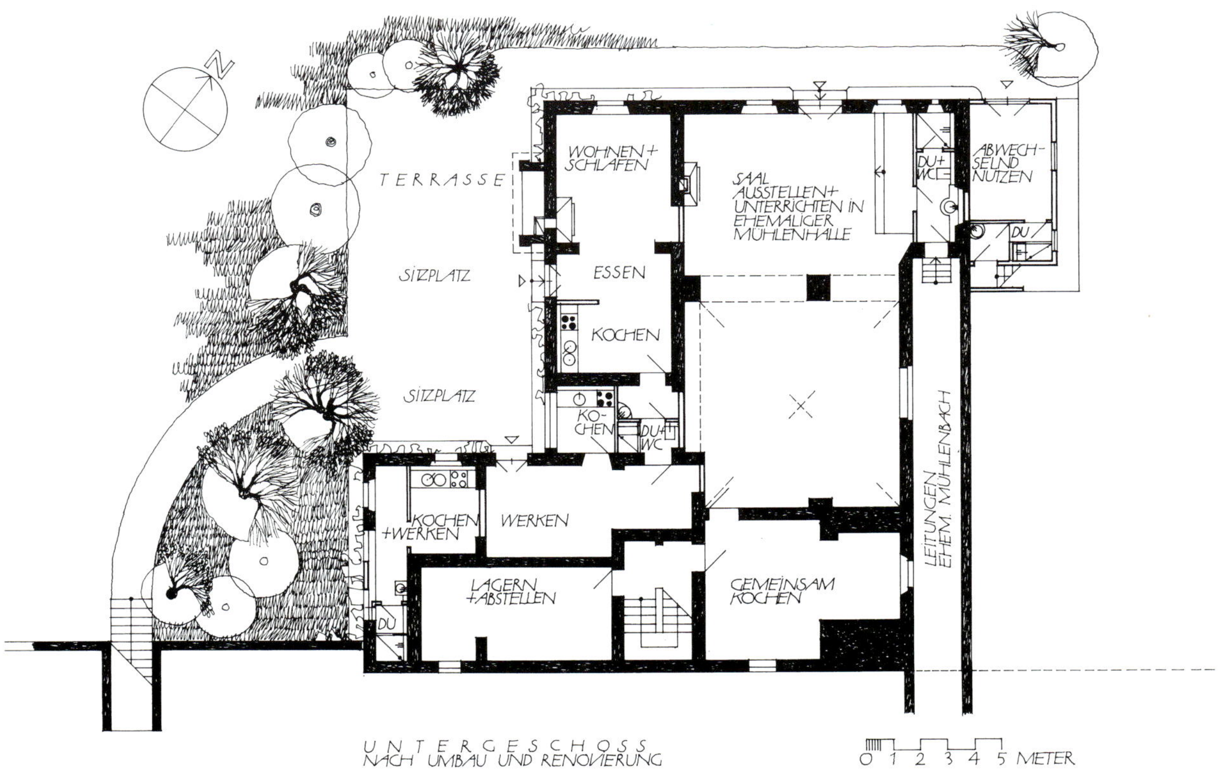

UNTERGESCHOSS
NACH UMBAU UND RENOVIERUNG

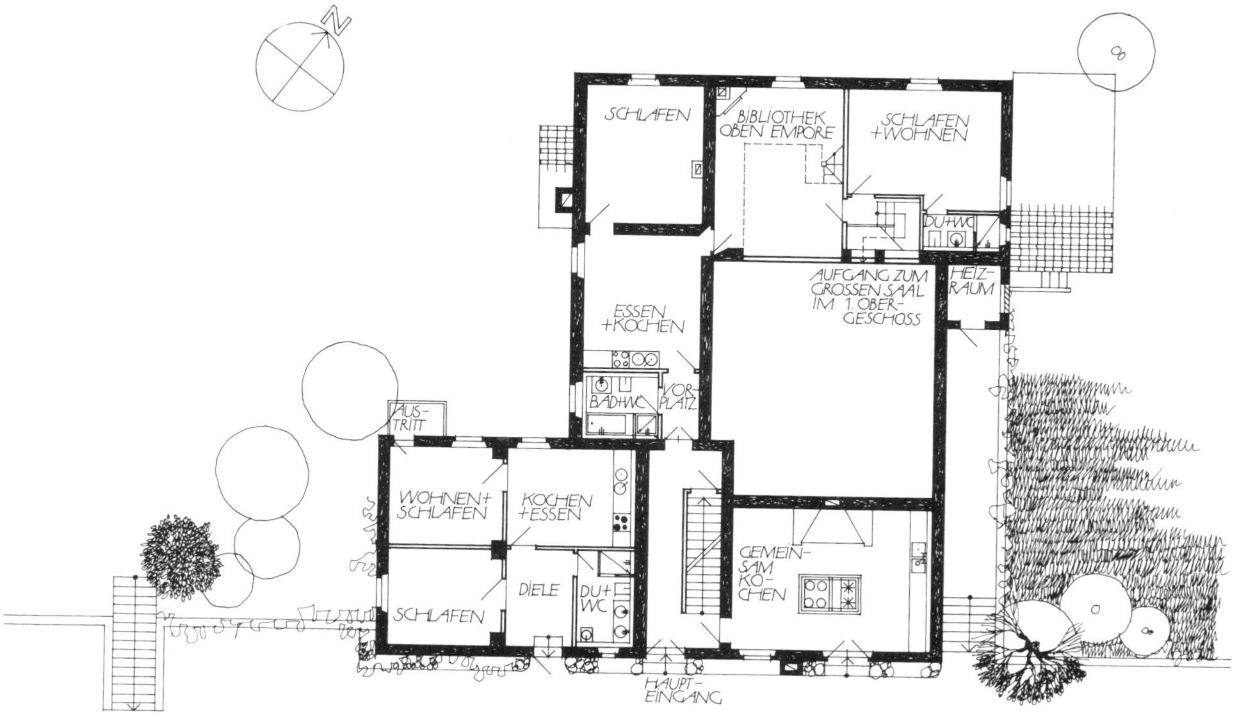

ERDGESCHOSS
NACH UMBAU UND RENOVIERUNG
0 1 2 3 4 5 METER

OBERGESCHOSS
NACH UMBAU UND RENOVIERUNG
0 1 2 3 4 5 METER

In begehrtester Lage

Eine Villa am Comer See

Die Villa ist perfekt in den alten Baumbestand eingebettet. Hinter Fächerpalmen führt der vom Hang heraufkommende Weg unter dem – mit viel gestalterischem Feingefühl angefügten – Glas-Vordach hindurch zum Haupteingang.

Die landschaftlich reizvolle Umgebung, das milde Klima und der mondäne Charakter der Region machen den Lago di Como zu einem der beliebtesten, aber auch teuersten Gebiete für Italienliebhaber. Hier, am Westufer des Sees zwischen den alten Dörfern Tremezzo und Cadenabbia, entstand im Jahre 1690 die berühmte Villa Carlotta mit ihrem nicht minder berühmten botanischen Garten. Zu einem nicht genau bestimmbaren Zeitpunkt wurde ein Stück oberhalb am Hang eine Dépendance erbaut.
Vermutlich ging dieses Anwesen zusammen mit der Villa Carlotta im Jahr 1843 von der Familie Clerici an Marianne von Nassau und dann als Hochzeitsgeschenk an ihre Tochter Charlotte von Sachsen-Meiningen über. Per Enteignung gelangte um 1915 die Villa Carlotta an den italienischen Staat, die Dépendance jedoch an den Senator Pellegrini, der sie als mondänes Gästehaus für höchste Ansprüche umbauen ließ. Die Fassade und die Innenwände wurden mit floralen Jugendstilmalereien versehen, die Räume erhielten eine Jugendstilausstattung ganz aus Mahagoni. Zu dieser Zeit wurde auch auf der Westseite des bestehenden Gebäudes der heute noch existierende Flachdach-Anbau mit der Küche angefügt. Als der Tourismus in den 1930er-Jahren zurückging, wurde das Gebäude verkauft und wechselte in den folgenden Jahrzehnten mehrfach den Besitzer. Der umgebende Park verwilderte, die Olivenplantage wurde von Robinien überwachsen.
Als die Familie Hase im Jahre 1996 die »Villa Carlottina«, wie sie heute von den Familienmitgliedern mit Kosenamen liebevoll genannt wird, auf Vermittlung

Oben: Die »Villa Carlottina« vor der Sanierung (Ansicht von Osten).
Unten: Das Treppenhaus in unrenoviertem Zustand (vgl. dazu den aktuellen Zustand, Seite 129).
Rechte Seite: Gesamtansicht der Villa in neuem Glanz. Hinter Farnen und Palmen ist das Glasdach der Terrasse zu erkennen. Bei dieser Aufnahme wird deutlich, dass das Anwesen in steile, zum Comer See hin abfallende Hänge eingebettet ist.

durch einen Makler erwarb, hatte die jahrelange Vernachlässigung natürlich Spuren im Inneren und Äußeren hinterlassen. Das Jugendstilmobiliar war zum Großteil in so schlechtem Zustand, dass es nicht mehr zu retten war. Der vielleicht reizvollste und für den Erwerb letztlich ausschlaggebende Aspekt war aber, dass das Gebäude selbst praktisch noch im Bauzustand von 1915 erhalten war und keine zerstörenden Umbauten erfahren hatte. Zudem hatte der langjährige Leerstand und keine schwerwiegenden Beschädigungen verursacht. Lediglich an einer Stelle des Daches lag ein Schaden durch Baumfall vor, der aber schnell behoben werden konnte. Im Übrigen konnte die alte Dachdeckung erhalten werden, während der an einigen Stellen ausgeblühte oder schimmlige Verputz teilweise erneuert werden musste. Um die geeignete originalgetreue Putzzusammensetzung zu finden, ließ man Proben im Labor analysieren und den Mineralputz danach anmischen. Der Außenanstrich war – da das Haus wie die gesamte Region des Comer Sees unter Denkmal- und Naturschutz steht – in Absprache mit der kommunalen Denkmalpflege auszuwählen. Obgleich die vom Gemeindearchitekten empfohlene gelbe Farbe anfangs nicht den Wünschen der Hausherren entsprach, sieht man sie mittlerweile als durchaus gelungene Lösung an, die sehr schön mit dem neuen Anstrich der Fenster harmoniert. Die alten Fenster mit überwiegend antiker Verglasung mussten bis auf wenige lediglich renoviert werden.

Auch im Inneren des Gebäudes verfuhr man nach der Prämisse, möglichst viel zu erhalten. Die salbeigrünen Innentüren und die weißen innen liegenden Holzläden etwa in der Küche wurden lediglich mit Salmiakgeist abgewaschen und anschließend mit einem Naturwachs behandelt. Wo immer möglich, platzierte man Heizungsrohre, Schalter und Steckdosen so, dass möglichst wenig in die alte Bausubstanz eingegriffen werden musste. Teils wurden daher etwa Leitungen auf Putz verlegt, teils auch Kompromisse beim Anbringen von Schaltern gemacht. Wo die vorhandenen Böden aufgenommen werden mussten, wurden die Steinzeug-Fliesen aus der Zeit der Jahrhundertwende vorsichtig herausgehoben und im Anschluss wieder an Ort und Stelle verlegt. Größtenteils konnten die Fliesen sogar an Ort und Stelle liegen bleiben und brauchten lediglich gesäubert zu werden. Die noch erhaltenen originalen Türbeschläge aus Messing wurden restauriert und wieder eingebaut.

Die Haustechnik erfuhr einige Neuerungen, so etwa den Einbau einer Gas-Zentralheizung, die an das öffentliche Gasnetz angeschlossen ist. Zwei Zisternen fangen Regenwasser zum Gießen des Gartens auf.

Um die vor dem Eingang befindliche Terrasse im milden, aber manchmal auch feuchten Klima des Comer Sees möglichst oft nutzen zu können, wurde ein Vordach in Stahl-Glas-Konstruktion geschaffen, dessen Einfachheit und Transparenz der Villa nichts von ihrer Wirkung nimmt. Umrahmt wird der Sitzplatz von hohen, alten Palmen und neu gepflanzten Bananen. Der fast einen Hektar große Park, teils hügelig und steil, mit postkartenreifem 180°-Seeblick, erhielt durch Auslichten des Wildwuchses wieder Form und

Blick über die Villa Carlotta und das gegenüberliegende Ufer des Comer Sees mit dem Ort Bellagio und der ebenfalls berühmten Villa Melzi.
Rechte Seite: **Blick vom hangseitigen Hintereingang ins Treppenhaus, das wie die ganze Villa mit viel Feingefühl so renoviert wurde, dass die reizvolle Patina erhalten werden konnte. Rechts unten das Wohnzimmer im Erdgeschoss.**

Gestalt, alte Rhododendron-Büsche erwachen zu neuer Blüte. Der fast verschwundene Olivenhain am Hang südlich und oberhalb der Villa wurde unter Beibehaltung der wenigen Überbleibsel neu angepflanzt. Auch die weithin sichtbare alte Zypressenreihe, die den Grat des Hügels krönt, soll wieder ergänzt werden.
Wer nun Lust bekommen hat, das Flair des Comer Sees einzuatmen, sollte unbedingt die Villa Carlotta besichtigen.

Möglicherweise verführt ein solcher Besuch auch zur jährlichen Wiederkehr oder zur Wohnsitznahme in der Lombardei.

Stillleben mit Patina: Impression des alten Einbauschranks in der Küche.

Erbauungszeit
wohl 18. Jahrhundert (vor 1840), grundlegende Umgestaltung ca. 1910–1915

Grundstücksgröße
ca. 10000 m²

Wohnfläche
ca. 250 m²

Anzahl der Bewohner
bis 12 Personen und 4 Personen im Gärtnerhaus

Dauer der Renovierung
1996 (4 1/2 Monate)

Renovierungskosten je m² Wohnfläche
ca. 300.– DM zzgl. Eigenleistung

Immobilienmakler
Giuseppe Muzzomartis, Via Castellino da Castello 17, Menaggio
Telefon (00 39-03 44) 3 20 93

Handwerkerempfehlungen
über den oben genannten Makler, G. Muzzomartis

Gärtnerei für frostharte Zitrussorten
Wernhard Vosz, Moorende 149,
D-21635 Jork
Telefon 0 41 62-356

Kontakt- und Buchungsadresse
Anfragen für Besuche können vom Autor weitergeleitet werden:
Thomas Drexel
Telefon / Fax 08 21-6 07 08 74

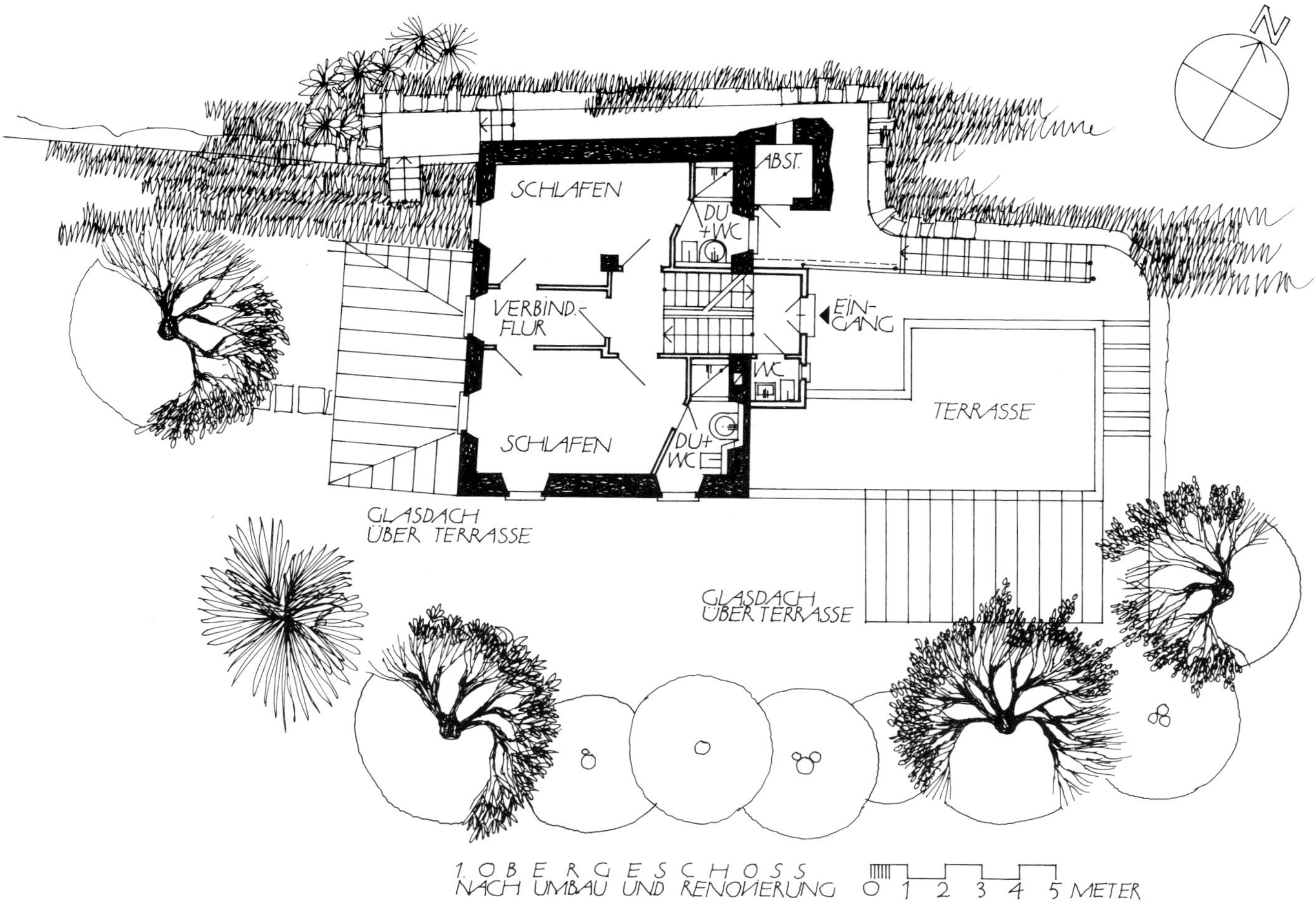
SCHLAFEN
ABST.
DU +WC
VERBIND.-FLUR
EIN-GANG
WC
TERRASSE
SCHLAFEN
DU+WC
GLASDACH ÜBER TERRASSE
GLASDACH ÜBER TERRASSE
N
1. OBERGESCHOSS
NACH UMBAU UND RENOVIERUNG
0 1 2 3 4 5 METER

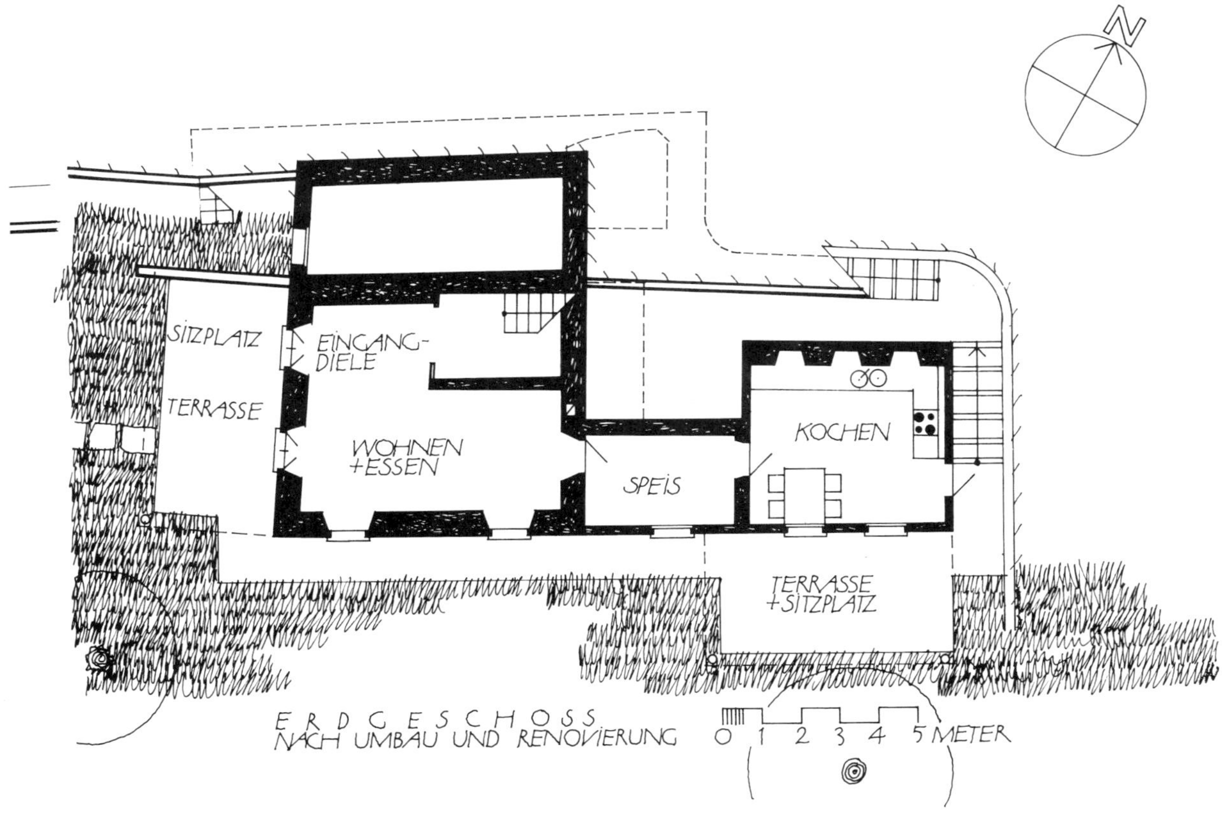
N
SITZPLATZ
TERRASSE
EINGANG-DIELE
WOHNEN +ESSEN
SPEIS
KOCHEN
TERRASSE +SITZPLATZ
ERDGESCHOSS
NACH UMBAU UND RENOVIERUNG
0 1 2 3 4 5 METER

Am späten Nachmittag fallen die Sonnenstrahlen weit in die herrschaftliche Eingangshalle hinein. Mehrere hundert Jahre alte Antiquitäten versetzen den Besucher in vergangene Zeiten.

Toskana wie aus dem Bilderbuch

Eine alte Herrschaftsvilla in den pisanischen Hügeln

Schattenspiele auf weißer Wand: Die Eingangsfassade der Villa.

Wollte man sich eine märchenhafte italienische Filmkulisse ausdenken, so könnte diese ziemlich exakt nach dem Ebenbild der Villa Cevoli gestaltet sein: Aus dem 16. Jahrhundert stammend, weist das Gebäude die typischen Kennzeichen einer Renaissance-Villa auf. Die Fassadengestaltung ist überaus klar, wobei der weiße Anstrich perfekt mit dem Grau der Fensterumrahmungen und der steinernen Laibung des Portals harmoniert. Die auf einem Hügel im Weiler Cevoli erbaute Villa ist durch einen steilen, von uralten Zypressen gesäumten Auffahrtsweg zu erreichen. Rechts des Hauptgebäudes befindet sich ein zweiter, ebenfalls sehr beachtlicher Bau mit einem Gästeappartment, zu dem eine großartige offene Loggia gehört. Über eine separate Treppe erreichbar, ist dieses Gebäude völlig unabhängig vom Haupthaus. Von der Terrasse schweift der Blick über die umgebende Landschaft und die Weinberge. Innerhalb der Anlage lädt ein wundervoller Garten mit einer riesigen Magnolie zum Verweilen ein. In den schattigen Bereichen unterhalb der Loggia leuchten große Hortensien-Blüten auf, eine strahlend hellblaue Bleiwurz wächst aus einer Terrakotta-Amphore.
Die Gebäude befanden sich lange Zeit im Besitz der Grafen von Ceuli, deren später zu Cevoli abgeschliffener Name sich von dem des Ortes ableitet. Der

Das Esszimmer mit dem wunderschönen, antiken Leuchter aus Murano-Glas bietet direkten Zugang in den Garten.

Familie entstammt sogar eine Heilige, Santa Florida Ceuli. Der Palazzo Ceuli in Pisa geht ebenfalls auf dieses Adelsgeschlecht zurück. Die heutigen Besitzer nutzten die Villa als Sommersitz. Sowohl die Fassadengestalt als auch die Innenarchitektur und Innenausstattung der Gebäude erhielten sich praktisch vollständig. Auch der Zuschnitt der Räume wurde in den vergangenen Jahrhunderten nur marginal verändert. Renovierungsarbeiten wurden laufend unternommen, was an dem hervorragenden Zustand der Gebäude deutlich zu sehen ist. Das Gästeappartment mit der Loggia wurde vor wenigen Jahren aufwändig umgestaltet und sehr geschmackvoll ausgestattet, ohne unnötige Eingriffe in den bestehenden Grundriss vorzunehmen.

Das zentral angeordnete, mit Natursteinen gefasste Eingangsportal der etwa 400 m^2 großen Villa besitzt eine mächtige zweiflügelige Tür; der letzte Gang, der sich dahinter erstreckt, erschließt die links

Das Kaminzimmer gewinnt durch die sichtbaren Deckenbalken und die schweren Brokatvorhänge eine besonders entspannende Atmosphäre.

und rechts situierten Räume des Erdgeschosses und führt auf die mächtige Steintreppe hin, über die die darüber liegenden Geschosse erreichbar sind. In sämtlichen Räumen befinden sich neben mehrere hundert Jahre alten Bodenfliesen geschmackvolle antike Möbel und schwere Brokatvorhänge. Lüster aus Muranoglas erhellen die Räume, wundervolle Blumenarrangements holen den Garten ins Haus. Im ersten Obergeschoss lädt ein großer Billardsaal zu einer Partie Pool ein. Abgesehen von einer Unterkunft mit besonderer Wohnqualität bieten sich dem Gast der Villa Cevoli zahlreiche Ausflugsmöglichkeiten ins ländliche Chianti oder zu den Städten der Umgebung – Pisa ist etwa 30 Kilometer entfernt. Wellness-Suchende können den Aufenthalt in der Herrschaftsvilla mit Besuchen des nahe gelegenen Thermalbadeorts Cascina Terme verbinden. (Die Kontakt- und Buchungsadresse findet sich auf Seite 136.)

»Entspannen im herrschaftlichen Garten, in der Hügellandschaft von Pisa.«

Rechte Seite: **Blick vom Appartement in der Dépendance zur Loggia. Zahlreiche stimmungsvolle Sitzplätze unter den Arkaden bieten viel Platz für Mußestunden.**
Einfache, aber umso wirkungsvollere Gestaltungselemente: Ein großer Magnolienbaum *(Magnolia grandiflora)* dominiert den Raum, der an den Seiten von großen Terrakotta-Amphoren gefasst wird. Natursteine mit Grasfugen sorgen für gute Begehbarkeit und natürliche Wirkung.

Erbauungszeit
16. Jahrhundert
Grundstücksgröße
keine Angaben
Wohnfläche
Villa 400 m², Dépendance mit Loggia 140 m² zzgl. 280 m² Außenbereich (davon 80 m² überdacht)
Anzahl der Bewohner
2–3 / bis zu 16 Feriengäste (in der Villa, bis zu 6 in der Dépendance)
Renovierungskosten je m² Wohnfläche
aufgrund der sich über lange Zeiträume erstreckenden Renovierungsarbeiten nicht exakt festzulegen

Kontakt- und Buchungsadresse
Die Versteckte Toskana, Reiseentwürfe von Bettina Röhrig
Loc. Luia 42, I-50050 Fiano (FI),
Telefon u. Telefax (00 39-05 71) 66 95 16
www.verstecktetoskana.com
E-mail: info@verstecktetoskana.com

Der »Garten des Serail« führt zur kapellenartig ausgebildeten Rückfront des Hauses. Im Vordergrund eine Station des als Stilmittel eingesetzten, aber nie mit wirklicher religiöser Bedeutung versehenen Kreuzwegs.
Rechte Seite: Spiel- und Mußestunden unter der Loggia: Die zu Gast weilende Familie Baardman sammelt Kräfte für den Besuch des Palios in Siena.

Alte Kapelle mit verwunschenem Garten

Ein Landsitz bei Siena

Zu Beginn des 19. Jahrhunderts entworfen, hat das Anwesen der Familie Naldini eine mehr als ungewöhnliche Entstehungsgeschichte vorzuweisen. Von seinem ursprünglichen Eigentümer waren Haus und Garten als ein zusammengehöriges Kunstwerk gedacht, das zum Amüsement von Besitzer und Gästen bestimmt war. Das heute selbstständige Anwesen gehörte früher zum angrenzenden Park der Familie Grisaldi del Taya. Die vormalige Zufahrtsallee umgehend, gelangt der Besucher heute direkt zum aufgekiesten Vorplatz von »Il Romito«, was Einsiedelei bedeutet. Die Eingangsfassade weist eine Loggia mit drei Bögen auf, die die Kreuzgänge toskanischer Klöster zitiert. Hier kann

PULSATE ET APERIETUR VOBIS

Oben: **Im Wohnraum des Obergeschosses: Sonnenstrahlen fallen auf die beiden antiken Scherenstühle.**
Unten: **Backsteingemauerte Rundbögen im romanischen Stil zitieren Elemente toskanischer Sakralarchitektur.**

man seinen Chianti im kühlen Schatten der Backsteinmauern genießen. Das von einem Glockentürmchen bekrönte Gebäude erhielt in Gestalt und Innenausstattung ganz das Gepräge eines kleinen Klosters oder einer Kapelle – ohne jemals als solche zu dienen! Beim Eintreten wurden die überraschten Gäste beispielsweise von einer mechanisch bewegbaren Mönchsfigur begrüßt. Nicht genug mit Scherzen dieser Art, ließ man auf der Rückseite des Hauses inmitten eines landwirtschaftlich genutzten Umfelds einen sieben Hektar großen Landschaftsgarten, den »Bosco Inglese« anlegen, der von einem Kreuzweg eröffnet bzw. abgeschlossen wird. Der damals beauftragte Landschaftsarchitekt schuf einen Garten, der vom Geist der Frühromantik geprägt und den sagenumwobenen Gärten des Serail nachempfunden ist. Diesem Umstand verdankt der Garten auch seinen Namen: »Giardino del Serraglio«. Der Hangbereich wurde zur Anlage vieler geschwungener Wege, Plätze und überraschender Effekte genutzt. Teil der Planung war auch ein Theater, dessen Bühnenrund ganz aus Bäumen gebildet wurde. Weitere architektonische Elemente sind Grotten, künstlich angelegte Aussichtshügel und Laubengänge, die wie der Garten insgesamt den unwiderstehlichen Charme der Vergänglichkeit ausströmen. Eine sich inmitten des Grüns erhebende steinerne Säule ist dem Andenken Carlo del Tayas gewidmet. An einer Stelle, die wie eine Bergschlucht anmutet, überspannt eine halb verfallene Holzbrücke einen Bach. Ein von Moos und Farnen umhüllter steinerner Sessel am Wegesrand lädt den Gast zum Verweilen ein. Uralte Zedern und Mammutbäume, teils quer über den Weg gestürzt, knorrige Sträucher und Lianen vervollständigen das bezaubernde Trugbild eines wildromantischen Urwalds. Das Haus besitzt auf zwei Geschossen neben zwei Bädern, einer Küche und Funktionsräumen insgesamt vier Wohn- und Schlafzimmer. Die Ausstattung wird durch dekorativ angeordnete gemauerte Sitzbänke und sehr sorgfältig platzierte Antiquitäten geprägt, die den im besten Sinne ländlich-einfachen Charakter des Gebäudes wie auch seine ganz besondere Atmosphäre gekonnt unterstreichen. Die dezent ockergelb gestrichenen Wände sind mit schablonierten Blütenmustern verziert.

Werden Haus und Garten nicht von Elisabetta und Claudio Naldini oder ihren erwachsenen Kindern als Rückzugsort genutzt, steht ihr ungewöhnliches Kleinod Feriengästen offen. Die Kontakt- und Buchungsadresse findet sich auf Seite 143. »Il Romito« eignet sich auch hervorragend als Ausgangspunkt für Besichtigungstouren ins nur vier Kilometer entfernte Siena. Die Entdeckungsfahrt zum Haus und Garten der besonderen Art verheißt also künstlerische Anregungen wie auch Ruhe im Überfluss.

Eine einfache, sehr gemütliche Sitzecke im Obergeschoss von »Il Romito« lädt zum Verweilen ein. Die gemauerte Bank am offenen Kamin, die mit einer braun gebeizten Holzplatte als Auflage versehen ist, fügt sich gut zur geradlinigen Innenraumgestaltung.

Der aus einem Mühlstein konstruierte Tisch auf einer kleinen Lichtung diente als Aussichts- und Ruheplatz.

Tief im »Englischen Wald«: Eine romantisch anmutende, von der Zeit mit Patina versehene Brücke führt über eine Fantasie-Schlucht.

Erbauungszeit und Gartenanlage
Anfang 19. Jahrhundert
Dauer der Renovierung
1992
Grundstücksgröße
4000 m^2
Wohnfläche des Hauses
ca. 100 m^2
Anzahl der Bewohner
2–5 / bis zu 5 Feriengäste
Renovierungskosten je m^2 Wohnfläche
keine Angaben

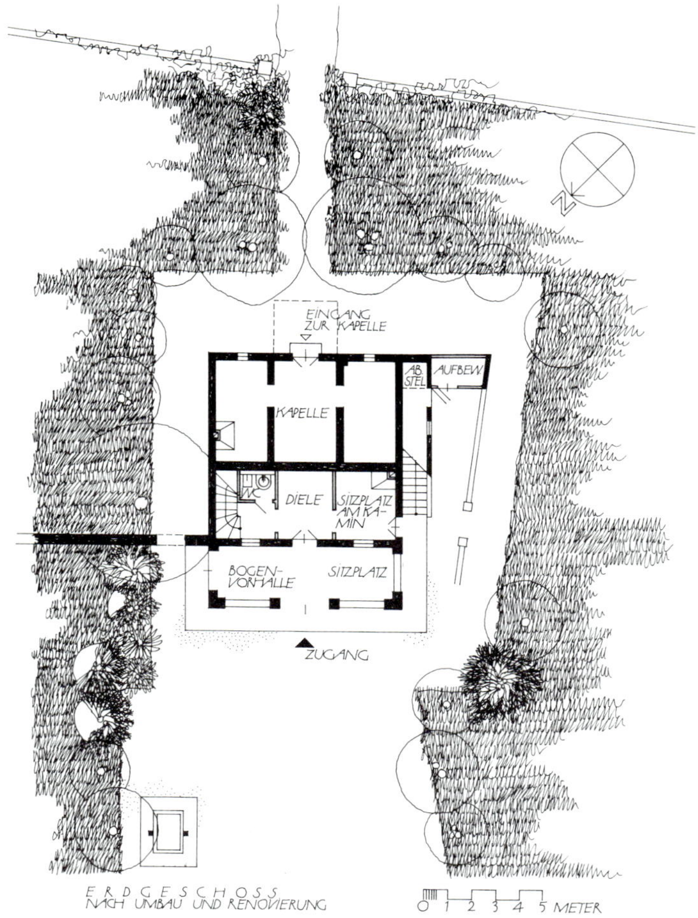

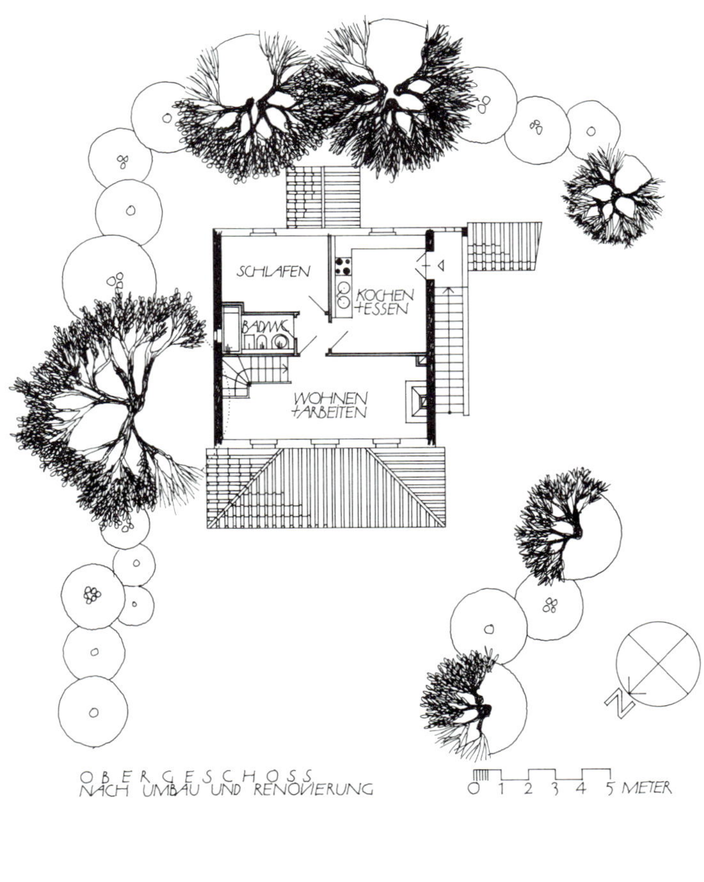

Kontakt- und Buchungsadresse

Die Versteckte Toskana, Reiseentwürfe
von Bettina Röhrig
Loc. Luia 42, I-50050 Fiano (FI),
Telefon / Telefax (00 39-05 71) 66 95 16
www.versteckteto skana.com
E-mail: info@versteckteto skana.com

Checkliste Renovierungsplanung

(zum Kopieren und Ausfüllen)

Diese Übersicht hilft potenziellen Hauskäufern zunächst, sich ganz allgemein über ihre Wünsche und ihre persönlichen Anforderungen an das mediterrane »Traumhaus« klar zu werden. Ferner eignet sich die Checkliste dazu, ein ins Auge gefasstes konkretes Objekt zu überprüfen. Die Renovierung lässt sich damit hinsichtlich der verschiedenen gestalterischen, bautechnischen und finanziellen Gesichtspunkte besser planen.

Die Haussuche

Welcher Raumbedarf liegt vor?

Wohnen: ____________ m^2

Schlafen: ____________ m^2

Küche: ____________ m^2

Garten: ____________ m^2

Arbeiten: ____________ m^2

Sonstiges: ____________ m^2

gesamt: ____________ m^2

Anzahl der benötigten Räume

Funktion — Anforderungen (Raumgröße, Lage, Erschließung)

____

____

____

____

____

____

Welche Ansprüche bestehen hinsichtlich Bauform und Stilepoche?

____

____

Welche räumlichen Erweiterungen oder Umbauten müssen möglich sein?

Art und Funktion der Erweiterung: ____________________

Flächenbedarf: ____________________

Zuständige Stelle für Bauvoranfrage (zur Abklärung der Genehmigungsfähigkeit): ____________________

____

Welche Größe und Beschaffenheit hat das Grundstück?

Grundstück: ____________ m^2, davon Garten: ____________ m^2

Soll das Grundstück eben sein ☐ oder am Hang liegen? ☐

Muss auf dem Grundstück zusätzlich Platz für bauliche Erweiterungen sein? ☐ ja ☐ nein

Falls ja, wieviel m^2 Baugrund zirka? ____________ m^2

Ist ein Anbau oder eine Zusatzbebauung genehmigungsfähig? ☐ ja ☐ nein

In welcher Region und in welchem Umfeld soll sich das Haus befinden?

Land und Region, ggf. Stadt: ______

Kleinräumige Lage: Zentral in der Stadt, im vorstädtischen Bereich oder in ländlicher Umgebung? ______

Erforderliche Verkehrsanbindung: ______

Erschließung (Wasser, Elektrizität usw.): ______ Kosten: ______

davon vor Ort vorhanden: ______

nicht vorhanden, aber in Planung: ______

ggf. zu veranschlagende Gebühren (zu klären bei der Gemeinde): ______

Infrastruktur (z. B. Einkaufsmöglichkeiten, Cafés): ______

Sind in der Nähe laute Straßen, umweltbelastende oder Lärm erzeugende Unternehmen oder Bewirtungsbetriebe vorhanden? ______

Sonstiges: ______

Vorbereitung der Renovierung und Finanzkalkulation

Welche fachkundigen Ansprechpartner (ggf. Name und Anschrift) sollen (müssen) vor dem Kauf konsultiert werden?

Baubehörde(n): ______

Kultur- und Denkmalämter: ______

Architekten: ______

Rechtsanwälte und Finanzberater: ______

Weitere: ______

Welche verlässlichen, renovierungserfahrenen Architekten kommen in Frage?

______

Wer kann bei der Suche nach dem Architekten weiterhelfen?

(z. B. Denkmalbehörden, private Denkmalschutzvereinigungen usw.)

______

______

Wenn ein Haus ins Auge gefasst und der Architekt gefunden ist:

In welchem Zustand befindet sich das Gebäude?

Bauteil	Schaden	Maßnahme	Kosten etwa

Was kann selbst gemacht werden/wo können durch Eigenleistung Kosten gespart werden?

Welche Handwerksbetriebe kommen wegen ihrer Erfahrung mit der Renovierung alter Häuser in Betracht?

Kostenschätzung:

Kosten Erwerb (einschließlich Nebenkosten und Steuern):

Kosten Renovierung (einschließlich Architektenhonorar, Gebühr für Baugenehmigung, Erschließungsbeiträge usw.):

ggf. Kosten für Ausbau/Erweiterung:

Kosten für Einrichtung:

Gesamtfinanzierungsbedarf:

Zur Verfügung stehende Mittel:

Eigenkapital (Barmittel, Bausparverträge usw.):

Baukredit:

ggf. Zuschüsse:

ggf. Steuervergünstigungen:

Weiteres:

Gesamtbetrag der zur Verfügung stehenden Mittel:

Bauaufnahme und Untersuchungen

Welche Vermessungsarbeiten sind durchzuführen? In welchem Umfang soll die Vermessung vorgenommen, in welchem Maßstab soll sie gezeichnet werden?

Maßstab:

Welche Bauschadensuntersuchungen sind notwendig (z. B. Holzproben, Tragwerksuntersuchungen, statische Gutachten)?

Welche kunst-, bau- und kulturgeschichtlichen Nachforschungen bieten sich an (Raumbuch, Putz- und Farbgutachten usw.)?

Denkmalpflegerische Zielvorgaben

Wie soll mit den denkmalpflegerisch/historisch wichtigen Bauteilen umgegangen werden? Welche können bewahrt oder restauriert werden?

Welche Bauteile müssen wegen irreparabler Schäden ersetzt werden?

Welche Wohn- und Nutzungsansprüche machen eine Anpassung des Bestands (z.B. Dachausbau) erforderlich, wie lässt sich dies mit größtmöglicher Sensibilität erreichen?

Planung und Auftragsvergabe

Architekten:

Welche Pläne und Unterlagen müssen angefertigt werden?

Planungsschritt	Zeitpunkt	abzustimmen mit	zu genehmigen von
Entwurf:			
Kostenschätzung:			
Finanzierungsplan:			
Genehmigungsplanung:			
Werkplanung:			
Weiteres:			

Handwerksbetriebe:

Welche Gewerke werden benötigt?

Art und Umfang der konkreten Eigenleistung:

Besonderheiten beim Immobilienkauf und Bauantrag in Griechenland, Portugal, Spanien und Italien

Die folgenden Ausführungen geben einen ersten Überblick über die in den einzelnen Ländern herrschenden Besonderheiten. Sie ersetzen jedoch nicht die Konsultation von Experten beziehungsweise der im Adressverzeichnis genannten Beratungsorganisationen.

Griechenland

Haussuche

Grundsätzlich besitzen Bürger aus anderen Staaten der Europäischen Union beim Immobilienerwerb in Griechenland die gleichen Rechte wie Griechen. Eine Besonderheit in Griechenland ist die, dass in einigen grenznahen Gebieten und Sperrgebieten Immobilienerwerbungen genehmigungsbedürftig oder gar nicht möglich sind. Vor der Konkretisierung der Haussuche sollte also geprüft werden, ob die Wunschregion diesbezüglich überhaupt in Frage kommt. Auf einigen Inseln wie etwa Kreta ist Immobilienerwerb in bestimmten Gebieten möglich, in anderen nicht. Ferner ist vor der Entscheidung für eine Immobilie immer zu prüfen, ob das Grundstück überhaupt bebaut werden darf (siehe dazu das Kapitel »Bauantrag und Planung«). Gegebenenfalls müssen vor dem Abschluss von Verträgen entsprechende Bebaubarkeitsbescheinigungen eingeholt werden.
Beim Erwerb von Küstengrundstücken ist zu beachten, dass immer ein Streifen von etwa dreißig Metern – unterschiedlich je nach Region – öffentlich zugänglich sein muss. Privatstrände im engeren Sinne gibt es daher in Griechenland nicht.
Nicht zuletzt aufgrund der meist großen Entfernungen dürfte in der Regel ein Immobilienmakler eingeschaltet werden. Als Maklerhonorar sind etwa zwei Prozent des Kaufpreises üblich.

Kauf- und Finanzierungsabwicklung

Schon aufgrund der Tatsache, dass im Fall Griechenlands der Großteil der ausländischen Immobilieninteressenten die Sprache des Landes zunächst nicht beherrscht, ist die Einschaltung eines vertrauenswürdigen und kompetenten Rechtsanwalts dringend erforderlich, in den meisten Fällen auch gesetzlich gefordert. Zwar gilt dies nur für Immobilien ab einem Kaufpreis von 750.000 Drachmen (beziehungsweise 5 Millionen Drachmen in Attika), jedoch ist dieser so niedrig angesetzt, dass praktisch immer ein Anwalt beauftragt werden muss. Dieser kann die anfallenden Formalitäten erledigen und sollte alle relevanten Aspekte, etwa die Rechtmäßigkeit der Eigentümerschaft, die ordnungsgemäße Zahlung der Steuern, etwaige Hypotheken und Belastungen sowie das Vorliegen einer rechtmäßigen Baugenehmigung, überprüfen. Da ein aktueller Grundbucheintrag in Griechenland nicht zwangsläufig die Eigentümerschaft bestätigt, müssen zudem die Eigentumsübertragungen auf 20 Jahre zurückverfolgt werden. Das griechische Grundbuchsystem wird gerade überarbeitet, um größere Klarheit und Übersichtlichkeit in die Eigentumsverhältnisse zu bringen. Bisher bestehen

schon für die Inseln Korfu und Kos sowie einige Bezirke Athens neue Katasterämter (Stand 2000).
Für die Anwaltsleistungen fallen derzeit an Kosten mindestens 0,5 % des Kaufpreises bei einer Kaufsumme bis 500.000 Drachmen und 1 % bei über 500.000 Drachmen an.
Bei umfassenderen Leistungen, wie sie normalerweise für Ausländer auch sinnvoll und erforderlich sind, kann mit zwei bis 2,5 % des Kaufpreises gerechnet werden. Selbstverständlich hat der Käufer nur seine eigenen Anwaltskosten zu tragen.
Es sollte im Vorfeld des Kaufs auch nicht vergessen werden, die Erschließungssituation zu überprüfen, denn vor allem außerhalb von Ortschaften fehlen häufig Strom-, Wasser-, Telefon- sowie Gasanschluss. Hierfür können zum einen hohe Kosten entstehen, die der Käufer in der Regel allein zu tragen hat, zum anderen ist nicht immer garantiert, dass die Erschließung auch tatsächlich in einem überschaubaren Zeitraum erfolgt.
Die Finanzierung kann durch griechische Banken oder Kreditinstitute des Heimatlandes abgewickelt werden. Letzteres empfiehlt sich aufgrund der etwas komplizierten Rechtsverhältnisse durchaus – vor allem dann, wenn das Institut des Heimatlandes umfassende Leistungen, neben der Kreditvergabe etwa auch Bewertung und Beleihung des Objekts, Grundbuchüberprüfung und fachkundige Beratung, anbietet (siehe dazu Seite 159). In diesem Fall wird oft auch die Wertschätzung der Immobilie über einen vom Kreditinstitut beziehungsweise dem Vertragsanwalt vor Ort beauftragten Schätzer vorgenommen.
Die für eine Finanzierung notwendigen Unterlagen sind hier wie auch in den übrigen Ländern beizubringen: ein notarieller Kaufvertrag oder eine sonstige Erwerbsurkunde, ein Bebaubarkeitsnachweis, Kopien der behördlichen Baugenehmigung, unterzeichnete Lagepläne, genehmigte Grundrisspläne, Bauzeichnungen, Wohnflächen- und Wohnraumberechnung, Baubescheinigung, Baukostenberechnung, Lichtbilder des Objektes sowie eine Zusatzvereinbarung für grenzüberschreitende Finanzierungen. Die Vormerkung oder die Eintragung einer Hypothek auf die zu erwerbende Immobilie ist wie in den anderen Ländern dieses Buches möglich. Damit kann auch der Rechtsanwalt als Bevollmächtigter beauftragt werden; ein persönliches Erscheinen ist dann nicht notwendig.

Vorvertrag

Der Abschluss eines Vorvertrags kommt vor allem dann in Frage, wenn zwischen den Parteien eine grundsätzliche Einigung über das Immobiliengeschäft erzielt worden ist, jedoch noch einige Punkte geklärt werden müssen. Ebenso wie der endgültige Vertrag bedarf auch der Vorvertrag der notariellen Beurkundung. Der Vorvertrag bietet in Griechenland allerdings nur begrenzte Möglichkeiten, die Rechte des Käufers zu sichern; in der Praxis wird dem Käufer im Vorvertrag meist eine Art Vorkaufsrecht eingeräumt, das aber erst ab der – dem Notar durch Beleg nachzuweisenden – Überweisung des Kaufpreises gilt. Bis dahin kann der Verkäufer die Immobilie theoretisch auch an Dritte veräußern. Nur in seltenen Ausnahmefällen, wenn eine Veräußerungsgefahr durch den Verkäufer festgestellt wird, kann mit einer gerichtlichen Verfügung eine absolute rechtliche Sicherheit hergestellt werden.

Hauptvertrag, Absicherung des Eigentums und Steuern

Der Kaufvertrag sollte am besten durch den eigenen Anwalt aufgesetzt, in jedem Fall aber durch ihn genauestens überprüft werden. Im Unterschied zu anderen südeuropäischen Staaten ist die notarielle Beurkundung des Kaufvertrags in Griechenland gesetzlich vorgeschrieben.
Die Beurkundung des Vertrags durch den Notar kann erst dann erfolgen, wenn das zuständige Finanzamt die Grunderwerbsteuer festgelegt hat. Die Eigentumsübertragung wird dann rechtskräftig, wenn der Käufer im so genannten Transkriptionsbuch – in etwa vergleichbar mit einem Grundbuch – des jeweiligen Bezirks registriert ist. Hierzu wird eine notariell beglaubigte Abschrift des Kaufvertrags benötigt. Die Notarskosten und die Eintragung in das Transkriptionsbuch betragen etwa zwei bis drei Prozent des Wertes, der für die Berechnung der Grunderwerbsteuer angesetzt wird.
Zu beachten ist außerdem, dass aufgrund der aktuellen Überarbeitung des griechischen Grundbuchsystems unter Umständen Grundstücke bei den Grund-

buchbehörden neu angemeldet werden müssen. Die zuständigen Baugenehmigungsbehörden teilen auf Anfrage mit, ob dies für das betreffende Grundstück notwendig ist.
Beim Erwerb einer Immobilie fällt Grunderwerbsteuer an, die nach dem Wert des Grundstücks bemessen wird. Während in städtischen Gebieten meist vom Staat festgesetzte, objektive Grundstückswerte existieren, werden die Grundstückswerte in den Provinzgebieten im Augenblick meist noch anhand anderer in der gleichen Gegend abgeschlossener Verträge bemessen. Bis zur Höhe von vier Millionen Drachmen sind 9 %, darüber 11 % Grunderwerbsteuer zu entrichten. Bürger anderer EU-Staaten zahlen dann keine Grunderwerbsteuer, wenn sie in Griechenland erwerbstätig sind und dort ihren Hauptwohnsitz haben. Zusätzlich wird eine Kommunalabgabe von 3 % auf die entrichtete Grunderwerbsteuer erhoben. Weitere 1–3 % werden je nach Region fällig, wenn Gemeinden eine eigene Feuerwehr unterhalten.
Hinzu kommt die – allerdings recht geringfügige – Kapitalsteuer (etwa 0,04 % des Objektwerts). Regelmäßig zu zahlen ist die Grundeigentumsteuer, die jedoch nur oberhalb eines bestimmten Kaufpreises (derzeit 35 Millionen Drachmen) erhoben wird. Für die durch Vermietung der Immobilie erzielten Einkünfte wird immer Einkommensteuer fällig, während die Eigennutzung bis zu einer Wohn- und Nutzfläche von 200 m² steuerfrei bleibt.

Bauantrag und Planung

Baurechtlich relevante Bestimmungen finden sich in der für ganz Griechenland gültigen »Allgemeinen Bauordnung«, die bereits aus dem Jahre 1973 stammt. Neben weiteren Bestimmungen in anderen Gesetzeswerken sind aber auch die von Gemeinde zu Gemeinde unterschiedlichen Bauvorschriften zu beachten. Bebauungspläne existieren meist für Stadt- und Dorfgemeinden. Für Gebiete innerhalb und außerhalb der jeweils aufgestellten Bebauungspläne bestehen unterschiedliche Regelungen.
Bauanträge für Renovierungsvorhaben oder Erweiterungsbauten sind bei der zuständigen kommunalen Baubehörde durch einen zugelassenen Architekten zu stellen. Außerhalb von Ansiedlungen ist der Neubau von Gebäuden an eine Grundstücksgröße von mindestens 2000 (4000) m² gebunden. Ein striktes Bebauungsverbot besteht für den Umkreis archäologischer Stätten sowie in Naturschutz- und Waldgebieten. So genanntes »Land im öffentlichen Eigentum« ist nicht veräußerbar. Im Zweifelsfall muss bei der zuständigen regionalen Forstbehörde eine Bescheinigung eingeholt werden.
Da in Griechenland bisher keine umfassenden Katasterpläne existieren, steht zur exakten Verortung des Grundstücks und der darauf befindlichen Gebäude bisher meist nur ein Übersichts-Lageplan *(Topographiko)* zur Verfügung. Die Grundstücksgrenzen sind in vielen Fällen unklar und sollten neu vermessen werden, um spätere Rechtsstreitigkeiten zu vermeiden; am besten ist es, mit den Nachbarn eine schriftliche Vereinbarung zu treffen, in der die neu gezogenen Grenzen einvernehmlich anerkannt werden.
Wie auch in den anderen Staaten können ggf. für touristische Umnutzungen öffentliche Renovierungszuschüsse gewährt werden (bis 40% der Gesamtkosten).

Portugal

Haussuche

Die teuersten Regionen Portugals befinden sich zum einen in der Umgebung von Lissabon, insbesondere um Sintra, wo in erster Linie wohlhabende Portugiesen Immobilien erwerben. Zum anderen zieht die Algarve besonders viele Haus- und Wohnungskäufer an, die das angenehm warme und trockene Klima schätzen. Für den Liebhaber stilvoller Altbauten, sei es in renoviertem oder unrenoviertem Zustand, kommen sicherlich nicht die zahlreichen, heute oft als »Quintas« bezeichneten Appartmentanlagen an der Küste, wohl aber eine Reihe verlassener Bauernhäuser in Frage. Die Preise werden mit zunehmender Entfernung vom Meer erschwinglicher; unweit der Küste bietet sich das reizvolle Hügelland der Serra de Monchique als Alternative an. Wirklich günstige Angebote sind allerdings eher im

noch weiter nördlich gelegenen Alentejo oder in den – klimatisch weniger begünstigten – Gebieten Nord-Portugals zu finden. Wer dauerhafte Hitze nicht mag und wem eine reizvolle Landschaft und Naturerlebnisse wichtig sind, der ist dort am richtigen Platz. Vom Charakter her wiederum ganz anders sind die landschaftlich sehr reizvollen Inseln Madeira und die – noch günstigeren, da raueren und schon recht weit vom Festland entfernten – Azoren.
Grundsätzlich werden Grundstücke nach ihrer Bestimmung unterschieden: So genannte landwirtschaftliche Grundstücke *(prédios rústicos)* sind Parzellen mit bedingter Eignung für die Landwirtschaftsnutzung – sei es mit oder ohne darauf stehendem Gebäude. Städtische Grundstücke *(prédios urbanos)* können sowohl bebaubare Parzellen als auch darauf befindliche Gebäude sein. Neben diesen beiden Grundtypen existieren jedoch auch Parzellen mit so genanntem gemischtem Grundbesitz *(prédios mistos)*, also im Normalfall ein städtisches Wohngebäude und ein landwirtschaftliches Grundstück.
Über das milde Wesen der Portugiesen, die *saudade* und die melancholische Musik des *Fado* wurden schon viel geschrieben; abgesehen von einigen allzu hymnischen Übertreibungen bleibt doch festzuhalten, dass sich das tägliche Miteinander in Portugal tatsächlich sehr angenehm gestaltet, der Umgang ist in der Regel von Hilfsbereitschaft und Toleranz geprägt. Alles in allem gibt es also gute Gründe, um sich dort niederzulassen.
Ist die Entscheidung über die Wunschregion gefallen, gilt es, sich einen guten Makler zu suchen; zugelassene, mit einer so genannten AMI-Lizenz ausgestattete Makler bieten am ehesten die Gewähr für kompetente Vermittlungsarbeit. Wichtig zu wissen ist, dass die Maklerprovision in Portugal immer vom Verkäufer bezahlt werden muss. Anderweitige Vertragsbestimmungen sollten nicht akzeptiert werden.
Schon vor der Kaufentscheidung sollten wichtige Sachverhalte, insbesondere Eigentumsverhältnisse, etwaige Hypotheken, Belastungen, die Bezahlung von Steuern und die Bebaubarkeit des Grundstücks (siehe auch den Abschnitt *Bauantrag und Planung*) genau nachgeprüft werden. Damit beauftragt man – auch wenn man der portugiesischen Sprache kundig ist – am besten einen kompetenten Rechtsanwalt. Dieser sollte am besten vor einem portugiesischen Notar oder Konsulat bevollmächtigt werden.

Kauf- und Finanzierungsabwicklung

Wie in Griechenland und anderen Ländern der EU besteht auch hier die Möglichkeit, die Finanzierung über Kreditinstitute des Heimatlandes abzuwickeln (siehe Seite 159). Die grundsätzlich notwendigen Unterlagen wurden bereits beim Thema Griechenland aufgelistet. Weitergehende Besonderheiten werden am besten mit dem jeweiligen Kreditinstitut erörtert.

Vorvertrag *(contrato promessa de compra e venda)*

Der Abschluss eines Vorvertrags, der rechtlich als gegenseitiges Kaufs- oder Verkaufsversprechen gilt und bereits die Bestimmungen des späteren Hauptvertrags enthält, ist in Portugal allgemein üblich. Wichtige Inhalte sind vor allem die Feststellung der Vertragsparteien, der Immobilie und des gegebenenfalls mit zu verkaufenden Inventars, der Kaufpreis und die Zahlungsbedingungen, Zeitpunkt, Ort und Form des Vertragsabschlusses, genaue Regelungen für die Übernahme der anfallenden Kosten und Gebühren sowie die bei Nichterfüllung des Vertrages vorgesehenen Sanktionen. Eine notarielle Beurkundung des Vorvertrags ist hier im Unterschied zu Griechenland nicht vorgeschrieben, aber sehr zu empfehlen. Mit dem Abschluss eines Vorvertrags wird auch eine erste Anzahlung auf den Kaufpreis *(sinal)* fällig. Art und Umfang der Anzahlung können von den Vertragsparteien völlig frei vereinbart werden, jedoch sind dies in der Regel zwischen 10 und 20 % des Gesamt-Kaufpreises. Bei Nichterfüllung des Vertrages durch den Käufer kann der Verkäufer die Anzahlung behalten, bei Nichterfüllung durch den Verkäufer kann der Käufer das Doppelte der geleisteten Anzahlung fordern. Im Normalfall greift jedoch die Anwendung der zwangsweisen Erfüllung, das heißt, der gerichtlichen Geltendmachung der vorvertraglichen Vereinbarungen; hier kann der Käufer zwischen der Erstattung der doppelten Anzahlungssumme oder der zwangsweisen Erfüllung des Kaufvertrags wählen. Wurde die Immobilie

vom Käufer bei Eintreten der Nichterfüllung durch den Verkäufer bereits in Besitz genommen, gelten weiter gehende, für den Käufer vorteilhafte Regelungen. Wie in Spanien gilt auch in Portugal, dass bei der Unterzeichnung schriftlicher Erklärungen Vorsicht geboten ist. Jede im Zusammenhang mit einem Grundstückskauf unterzeichnete Einwilligungserklärung, sei es auch handschriftlich aufgesetzt, kann schuldrechtlich verbindliche Wirkung haben. Es spielt dabei keine Rolle, welche Überschrift das Papier trägt. Für die rechtliche Gültigkeit der Vereinbarung ist aber die Schriftform Voraussetzung. Beim Verkauf von Grundstücken mit bestehenden Gebäuden oder zur Bebauung vorgesehenen Grundstücken gilt, dass auch der Vorvertrag vor dem Notar abgeschlossen werden muss. Dieser muss eine Anerkennung oder Beglaubigung der Unterschriften vornehmen und in den Vertrag sowohl die Existenz einer gültigen Baugenehmigung als auch einer Wohn- und Benutzungsberechtigung einfügen. Die notarielle Beglaubigung ist Voraussetzung für die vorläufige Eigentumsvormerkung im Grundbuch.
Bei gebäudebezogenen Verträgen hat der Käufer das Recht, von rechtlich unwirksamen Verträgen (beispielsweise mit unehrenhaften Bauträgerunternehmen) ohne finanzielle Sanktionen zurückzutreten.
Bei Gültigkeit der zwangsweisen Erfüllung – etwa dann, wenn ein Verkäufer nach Abschluss des Vorvertrags doch nicht mehr verkaufen möchte – ersetzt das Gerichtsurteil den Kaufvertrag.

Hauptvertrag *(escritura de compra e venda)*, Absicherung des Eigentums und Steuern

In Portugal ist der Abschluss eines notariell beurkundeten Hauptvertrags gesetzlich vorgeschrieben. Notare sind in Portugal Beamte, Notariate öffentliche Dienststellen. Dort haben sich die Vertragsparteien oder deren Bevollmächtigte einzufinden. Alternativ besteht aber auch die Möglichkeit, einen – den portugiesischen rechtlichen Anforderungen genügenden – Kaufvertrag bei einem Notar im Heimatland zu unterzeichnen. Eine beglaubigte Übersetzung ist dann beizufügen.
Mit dem Hauptvertrag geht das Eigentum der Immobilie an den Käufer über. Dazu muss eine Abschrift des Notarvertrags durch den Käufer oder etwa einen beauftragten Rechtsanwalt beim Grundbuchamt *(Conservatoria)* eingereicht werden. Erst mit der Eintragung ins Grundbuch besteht die rechtliche Gewähr, dass die Immobilie nicht mehr an Dritte verkauft und nicht hypothekarisch belastet werden kann. Voraussetzung für die Grundbucheintragung ist, dass eine Steuernummer beantragt und die Grunderwerbsteuer bezahlt ist. An Kosten für Notar und Grundbucheintrag sind etwa 2–2,5 % des Kaufpreises anzusetzen.
Mit dem Erwerb einer Immobilie in Portugal werden für landwirtschaftliche Grundstücke 8 %, für städtische Grundstücke 10 % Grunderwerbsteuer *(imposto municipal de sisa)* fällig. Bei Mischgrundstücken wird die Steuer anteilig berechnet. Möglichkeiten der Steuerbefreiung oder -minderung sollten durch Experten geprüft werden. Stempelsteuern, Notars- und Anwaltskosten addieren sich ebenfalls auf etwa fünf Prozent des Kaufpreises.
Regelmäßig anfallende Steuern sind die jährlich von den Gemeinden neu festzulegende Grundsteuer *(contribuicao autariquica)*, die etwa 1 Prozent des Steuerwerts *(valor tribunal)* beträgt, sowie die Einkommensteuer, falls das Haus vermietet wird.

Bauantrag und Planung

In Portugal ist die Bebaubarkeit von Grundstücken – abgesehen von der Algarve, die zur Zeit einen wahren Bau-Boom erlebt – recht strikt geregelt. Grundstücke außerhalb von Urbanisationen dürfen nur ab einer bestimmten Größe und auch nur dann bebaut werden, wenn sich darauf eine ordnungsgemäß im Grundbuch eingetragene Ruine befindet. Besonderen Schutz als Denkmäler genießen meist nur größere Gebäude von öffentlichem Interesse, Bauernhäuser praktisch nie.
Bauliche Erweiterungen haben sich am vorhandenen Bestand zu orientieren. Soll nur ein bestehendes Haus renoviert werden, markieren dessen Außenmauern gleichzeitig die Grenzen der Bebaubarkeit.
Aufgrund vorhandener Präzedenzfälle ist darauf hinzuweisen, dass innerhalb von Ansiedlungen auch beim Vorliegen einer Bebaubarkeitsbescheinigung die Bebaubarkeit eines Grundstücks (etwa mit Erweiterungsbauten) nicht unbedingt zeitlich unbefristet garantiert ist. Am besten

sollte vor dem Kauf die Übereinstimmung der geplanten Bebauung mit den jeweils gültigen Raumordnungsplänen durch einen Rechtsanwalt überprüft werden. Insbesondere größere Flächen und solche mit unklarem Grenzverlauf sollten neu vermessen werden. Alle Bauanträge müssen von einem lolaken Architekten unterzeichnet sein. Mit langen Genehmigungszeiträumen (bis 1 Jahr) muss gerechnet werden.

Spanien

Haussuche und Immobilienmakler

Der Maklerberuf ist in Spanien zwar im Unterschied etwa zu Deutschland nicht für jedermann frei zugänglich, aber es ist dennoch nicht zu empfehlen, sich blind auf die berufliche Qualifikation des Immobilienvermittlers zu verlassen. Grundsätzlich ist es schwierig, Qualifikation und Zuverlässigkeit eines Maklers nachzuprüfen. Immerhin wird aber ein guter Makler in der Regel bereitwillig Auskunft über seine Ausbildung und seine beruflichen Stationen geben; im Gespräch kann man sich einen Eindruck von seiner Marktkenntnis verschaffen. Spätestens die Qualität der vom Makler beigebrachten Hausangebote, die Aussagekraft und Korrektheit seiner Exposés und die Übereinstimmung mit den von den Käufern formulierten Wünschen geben dann einen guten Eindruck von den Qualifikationen des Maklers. Stets ist der Auftrag zeitlich zu befristen und die Zahlung der Provision (5–10% des Kaufpreises, aber keine bindende Höchstgrenze!) für den Erfolgsfall zu vereinbaren. Als Fälligkeitstermin für das Honorar sollte die Eintragung im Eigentumsregister vereinbart werden.
Ferner sollte man sich stets Namen und Anschrift des Verkäufers geben lassen und mit diesem in Verbindung treten, um frühzeitig die Angaben des Maklers überprüfen zu können. So genannte Dorfmakler (*corredores del pueblo*) können unter Umständen bessere Marktkenntnis besitzen und geringere Gebühren berechnen als professionelle Makler. Die Adressen eines örtlichen *corredor* wird man am besten in der örtlichen Bar erfragen.

Kauf- und Finanzierungsabwicklung

Zur Abwicklung der Finanzierung sind neben dem Kreditvertrag in der Regel eine Abschrift des Kaufvertrags, ein Auszug aus dem Eigentumsregister, Bau- und Lagepläne, Bauzeichnungen und Baubeschreibung, die Berechnung der Wohnfläche und des umbauten Raums, eine Baugenehmigung (für Renovierungsmaßnahmen oder Neubau), Fotografien des Objekts, Kopien der Grundsteuerbescheide der vergangenen drei Jahre, eine Bewohnbarkeitsbescheinigung, eine Bestätigung über ordnungsgemäße Bezahlung aller Gebühren und Steuern, ein Feuerversicherungsnachweis, eine Zusatzerklärung für grenzüberschreitende Finanzierungen und und eine Kontaktadresse für die Besichtigung des Objekts nötig. Die Verkehrswertschätzung der Immobilie wird durch Sachverständige vor Ort vorgenommen.
Zur Bestellung einer Hypothek kann das Kreditinstitut ein spanisches Rechtsanwaltsbüro mit dem Entwurf des Hypothekenvertrags in spanischer Sprache beauftragen, auf dessen Basis dann die Hypothek bei einem spanischen Notar bestellt werden kann. Die Urkunde muss später beim zuständigen Eigentumsregister vorgelegt werden.

Vorvertrag und Kaufoption

Eine äußerst wichtige Besonderheit des spanischen Rechts ist die Verbindlichkeit mündlicher Kaufzusagen. Wer ein Haus besichtigt, sollte nicht zuletzt vor diesem Hintergrund »Ruhe bewahren«, bis alle wissenswerten Informationen vorliegen. Bei einem schriftlichen privatwirtschaftlichen Vorvertrag sollte ebenfalls bedacht werden, dass er verbindliche Wirkung hat. Unter anderem sollte darin auch geregelt werden, welche Partei die Notarkosten und die Wertzuwachssteuer (*Plusvalía*) zu zahlen hat. Ferner sollte ein Passus über die Geltung des spanischen Rechts mit Gerichtsstand im Heimatland aufgenommen werden (weitere wichtige Vertragsinhalte finden sich in Schöllhorn, »Spanienimmobilien«, S. 99 ff.).
Im Unterschied zum Kaufvertrag besitzt die – empfehlenswerte – Kaufoption für den Käufer keine rechtliche Verbindlichkeit, sondern sichert ihm, etwa gegen

Zahlung einer bestimmten Summe (üblicherweise ca. 10% des Kaufpreises), nur das Recht zu, die Immobilie zu bestimmten Bedingungen zu erwerben.
Der Käufer kann ohne für ihn nachteilige Folgen von dieser Kaufoption *(contrato de opción)* zurücktreten. In der Vereinbarung sollte aber eine Entschädigungssumme für den Fall festgelegt werden, dass der Verkäufer sich anders entscheiden sollte. Zu beachten ist, dass es im spanischen Recht nicht auf die Bezeichnung oder Überschrift des Vertrags ankommt, sondern seine Wirkung ausschließlich auf dem Vertragsinhalt beruht. Daher sollte auf deutliche Formulierungen durch ausgewiesene Fachleute größter Wert gelegt werden.

Hauptvertrag *(escritura da compraventa)* und Absicherung des Eigentums

Der Käufer sollte, wenn er sich zum Kauf entschlossen hat, auf den möglichst schnellen Abschluss eines notariellen Hauptvertrags hinwirken.
Der spanische Notar ist gesetzlich grundsätzlich nur zur Beurkundung des Kaufvertrags und zur Einsichtnahme in das Register verpflichtet. Der Käufer sollte absolut sicher sein, dass die Einsichtnahme ins Register erfolgt ist. Je früher dies geschieht, desto besser, denn oft erübrigen sich durch die Einsicht schon alle weiteren Aktivitäten.
Die Unterverbriefung des Kaufpreises im notariellen Kaufvertrag ist recht häufig. Allerdings ist davor zu warnen, unnötige Risiken einzugehen und rechtliche Folgen zu riskieren. Spanische Finanzbehörden werden insbesondere dann misstrauisch, wenn der angegebene Preis den Katasterwert des Grundstücks deutlich unterschreitet.
Da in der Regel die Notare in Spanien keine Vollzugstätigkeiten übernehmen, also die Eintragung des Eigentums nicht veranlassen, sollte hiermit ein darauf spezialisiertes Dienstleistungsbüro (*gestoria*) oder ein anderer Bevollmächtigter vor Ort beauftragt werden.
An Erwerbsnebenkosten entstehen dem Käufer bei Gebrauchtimmobilien zur Zeit etwa zwei Prozent des Kaufpreises an Notarsgebühren, sechs Prozent Grunderwerbsteuer (bei Neubauten sieben Prozent Mehrwertsteuer), Registergebühren sowie die spanische Wertzuwachssteuer (*Plus-valía*). Insgesamt kann grob von etwa zehn Prozent des Kaufpreises ausgegangen werden.

Bauantrag und Planung

Zunächst einmal von Bedeutung sind die baurechtlichen Vorgaben, die von den regionalen Gebietskörperschaften erlassen werden und je nach Region sehr unterschiedlich geregelt sein können. Insbesondere Regierungen und Parlamente von Regionen, in denen eine rege touristische Bautätigkeit und eine hohe Nachfrage nach Zweit- und Ferienwohnsitzen besteht, tendieren zunehmend zur (wohlbegründeten) Verschärfung der Baubestimmungen. Besonders strenge Vorschriften erließ die Regierung der Balearen, die die Bebauung in Naturschutzzonen und bis 500 m von der Küste entfernten Bereichen verbietet. Auf ländlichem Boden *(suelo rustica)* sind nun 14000 m^2 für die Bebauung notwendig. Die Aufteilung dieser Grundstücke ist nicht mehr möglich, das heißt, es darf auf dieser Fläche jeweils nur mehr ein Haus stehen.
Die zusätzlichen baugenehmigungsrechtlichen Befugnisse der Städte und Gemeinden sind selbstverständlich an die gesetzlichen Vorgaben der Regionen gebunden. Bauleitpläne wie der Flächennutzungsplan (*plan general municipal de ordinación*) und der Bebauungsplan (*plan parcial de ordinación*) regeln die örtliche Bautätigkeit. Hier werden Art und Dichte der Bebaubarkeit, Mindestgrundstücksgrößen für Baugrundstücke (wichtig zur Eindämmung der Zersiedelung auf dem Land) und baugestalterische Vorschriften festgelegt.
Auch wenn »nur« renoviert werden soll, empfiehlt sich im Hinblick auf größtmögliche Planungssicherheit immer eine frühzeitige Kontaktaufnahme mit der Baugenehmigungsbehörde. Grundsätzlich wird unterschieden zwischen der *licencia de obra* (Baugenehmigung bei Neubauvorhaben) und dem *permiso de obra menor* (Genehmigung für eine kleinere Baumaßnahme). Letztere wird in der Regel für Renovierungsvorhaben genügen, ist aber auch mit einer Gebühr verbunden (etwa zwei bis drei Prozent der Bausumme).
Der Bauantrag sollte vor allen Dingen genaue Baupläne, eine Baubeschreibung und eine Kostenaufstellung enthalten. Über Einzelheiten geben die Genehmi-

gungsbehörden Auskunft. Der Bauantrag muss grundsätzlich (gegen entsprechendes Honorar) von einem spanischen Architekten unterzeichnet und von der zuständigen Architektenkammer (*ordre des architectos*) abgestempelt werden. Der planende oder unterzeichnende Architekt muss Mitglied der Architektenkammer sein. Das Architektenhonorar kann in Spanien seit einigen Jahren in gewissem Rahmen verhandelt werden. Der Architekt haftet auch für Fehler bei der Planung und Bauaufsicht.

Italien

Haussuche

Ist man nicht bei Urlaubsaufenthalten auf das Wunsch-Domizil gestoßen oder durch Bekannte auf reizvolle Anwesen hingewiesen worden, können Immobilienmakler eingeschaltet werden. Für Immobilienvermittler gibt es nur wenige Berufsbeschränkungen und Ausbildungsanforderungen, daher sind sorgfältige Vorerkundigungen besonders wichtig. Zunächst sollte der Makler bei der Maklerkammer oder Maklerrolle der jeweiligen Provinz, in Städten auch bei den *borsa immobiliare*, eingetragen sein, und zwar sowohl die Person als auch die Firma. Die Formulare ordnungsgemäß eingetragener Makler sind von den Handelskammern genehmigt. Langjährige Maklertätigkeit und Ortsansässigkeit sowie die Mitgliedschaft in seriösen Berufsdachverbänden sind positive Hinweise. Im Übrigen hilft es oft weiter, sich nach den Erfahrungen anderer Hauskäufer zu erkundigen. Kreditinstitute betätigen sich in Italien nicht in der Vermittlung von Immobilien.

Die dem Makler im Erfolgsfall zu zahlende Provision, die ihm sowohl vom Käufer als auch vom Verkäufer zusteht, sollte vertraglich festgelegt werden. Es ist sehr zu empfehlen, die Provisionszahlung an den erfolgreichen Kaufabschluss zu binden, der mit der Zahlung des Kaufpreises und dem Übergang des Eigentums erfolgt. Für den Käufer liegt die Provision meist zwischen zwei und vier Prozent des Kaufpreises. Auskünfte über die regional übliche Provisionshöhe erteilen die jeweiligen Handelskammern. Der Kaufpreis oder Anzahlungen sollten nie an den Makler, sondern immer an den Verkäufer überwiesen werden.

Kauf- und Finanzierungsabwicklung

Eine Finanzierung über Kreditinstitute des eigenen Landes ist möglich, die Sicherung des Darlehens erfordert aber teilweise eine kostspielige Bürgschaft durch ein italienisches Kreditinstitut. Verschiedene deutsche Bausparkassen und Kreditinstitute bieten ihren Kunden die Möglichkeit zum Erwerb von Auslandsimmobilien. Beim Casa-Europa-Programm der LBS zum Beispiel kann die Südtiroler Sparkasse AG mit Sitz in Bozen als Kooperationspartner diese Bürgschaft übernehmen, auch hierfür fallen jedoch Kosten an.

In Nord- und Mittelitalien kommt als Sicherheit die Aufnahme einer Hypothek auf das eigengenutzte Wohnobjekt in Frage. Diese Hypothek muss immer durch den Eigentümer beantragt werden und wird in der Regel etwa sechs bis zehn Wochen nach Beurkundung des notariellen Hauptvertrags eingetragen.

Als Voraussetzung für die Abwicklung des Hauskaufs und aller damit verbundenen finanziellen Transaktionen müssen Nichtitaliener beim zuständigen italienischen Steueramt eine Steuernummer (*codice fiscale*) beantragen, die im Kaufvertrag anzugeben ist.

In der Regel sind für die Finanzierung ähnliche Unterlagen nötig wie beim Erwerb einer Inlandsimmobilie. Neben dem Kreditvertrag und der Steuernummer werden ein Kaufvor- oder Hauptvertrag, ggf. der Nachweis der Eintragung beim Kataster- oder Grundbuchamt, eine beeidete Schätzung des Objekts, Fotografien, die Identifizierung der beteiligten Personen durch Ausweispapiere, eine Hausratversicherung (zugunsten der Sparkasse Bozen), eine Vereinbarung für grenzüberschreitende Finanzierungen mit Zustellungsvollmacht, ein Lageplan sowie bei Um- und Neubauten auch Baupläne, eine Baugenehmigung, eine Baukostenaufstellung und eine Berechnung der Wohnfläche und des umbauten Raums verlangt.

Die genauen Anforderungen und Finanzierungsbedingungen sind beim jeweiligen

Kreditinstitut zu erfragen. Für die Abwicklung der Finanzierung von der Einreichung des Kreditantrags bis zur Auszahlung sollten zwei bis drei Monate eingeplant werden.

Vorvertrag *(preliminare)*

Einen Vorvertrag abzuschließen ist allgemein üblich, für den Käufer werden dann zwischen 10 und 30 Prozent des gesamten Kaufpreises als Vorauszahlung fällig. Als Sicherheit hat der Käufer seit einigen Jahren die Möglichkeit, sich ins Immobilienregister eintragen zu lassen. So sinnvoll dies grundsätzlich ist, so selten wird diese Möglichkeit (aufgrund der damit verbundenen Kosten und der steuerlichen Erwägungen) bisher in Anspruch genommen. Jedoch sollte der Käufer darauf nur dann verzichten, wenn der Verkäufer hierfür gar nicht zu gewinnen ist. Zweck des Vorvertrags ist das gegenseitige »Kaufversprechen«, das allerdings nur unter der Voraussetzung gilt, dass alle im Vertrag festgehaltenen Bedingungen vor dem Abschluss des eigentlichen Hauptvertrags erfüllt sind. Die meist im Vorvertrag enthaltene Erklärung des Verkäufers (etwa über die Lastenfreiheit und das Vorliegen rechtsverbindlicher Baugenehmigungen) sollte mit einer notariellen Richtigkeitserklärung versehen sein, die vom selben Notar auszustellen ist, der auch den Hauptvertrag abfasst. Da der Vorvertrag in der Regel sehr kurzfristig geschlossen wird, müssen die Aussagen des Verkäufers (Eigentümerschaft, Lastenfreiheit des Eigentums usw.) in der Folgezeit überprüft werden. Für den Vorvertrag ist gesetzlich die Schriftform vorgeschrieben. Will sich der Käufer beim Abschluss des Vorvertrags vertreten lassen, muss er eine ins Italienische übersetzte Vollmacht beibringen; die Unterschrift muss durch einen Notar beglaubigt worden sein. Der Rücktritt einer der Parteien vom Vorvertrag kann eine Vertragsstrafe nach sich ziehen. Wurde eine Anzahlung *caparra confirmatoria* vereinbart, kann der Verkäufer beim Rücktritt des Käufers die Anzahlung behalten, bei Nichtzustandekommen des Vertrags durch Verschulden des Verkäufers wird eine Entschädigung in doppelter Höhe der Anzahlung fällig (Rückerstattung + 100 Prozent). Unter Umständen kann von der an der Nichterfüllung des Vertrags schuldlosen Partei auch ein noch weitergehender Schaden geltend gemacht werden. Wurde eine Anzahlung *caparra penitenziale* vereinbart, dann sind über die Höhe der Anzahlung hinausgehende Ansprüche beider Parteien ausgeschlossen.

Vorverträge, die vom Makler oder Verkäufer in Form von Standardvordrucken präsentiert werden, sollten sehr gewissenhaft auf für den Käufer nachteilige Klauseln geprüft werden.

Hauptvertrag *(atto di compravendita)* und Absicherung des Eigentums

Der Hauptvertrag muss in schriftlicher Form vorliegen und sollte notariell beglaubigt werden. Da der Notar für die Korrektheit seiner Handlungen haftet, wird er die Eigentumsverhältnisse in den Registern überprüfen und nach etwaigen auf der Immobilie liegenden Belastungen fahnden. Es besteht allerdings grundsätzlich auch die Möglichkeit, den Hauptvertrag privatwirtschaftlich, das heißt ohne Notar, abzuschließen. Dies hat dann aber zur Folge, daß der Käufer selbst für die endgültige und verbindliche Eintragung im Eigentumsregister verantwortlich ist – eine Aufgabe, die ansonsten der Notar übernimmt.

Ferner sind die Unterschriften beider Vertragsparteien zu beglaubigen, da sonst keine Umschreibung der Eigentumsverhältnisse in den Registern veranlasst werden kann. Dies muss allerdings nicht zwingend durch italienische Notare erfolgen.

Auch beim Abschluss des Hauptvertrags besteht für beide Vertragsparteien die Möglichkeit, sich durch einen Bevollmächtigten vertreten zu lassen, die Unterschrift ist selbstverständlich auch hier zu beglaubigen. Beherrscht der Käufer die italienische Sprache nicht, müssen Notare einen Übersetzer hinzuziehen oder den Vertrag gegen Kostenberechnung übersetzen lassen. Alternativ kann auch ein italienisch sprechender Beauftragter die nötige Unterschrift leisten.

Mit dem Abschluss des Hauptvertrags wird die Zahlung des noch ausstehenden Teils des Kaufpreises fällig. Der im Vertrag genannte Kaufpreis entspricht in der Praxis oft nicht dem tatsächlich gezahlten Preis. Dieses »Steuersparmodell«, das dem Käufer einen Teil der Grunderwerbsteuer, dem Verkäufer einen Teil der Mehrwertzuwachssteuer (INVIM) erspart, ist verbreitet, aber illegal. Die italienischen Steuerbehörden können insbesondere dann eine Untersuchung einleiten, wenn der Kaufpreis unter dem so genannten Katasterparameter liegt, der aus den örtlich anzunehmenden Grundstücks- und Immobilienpreisen errechnet wird. Zum Kaufpreis (und gegebenenfalls den in der Folge anfallenden Renovierungskosten) kommen als Nebenkosten (Notarkosten, Steuern, Gebühren usw.) zirka zehn Prozent des effektiven Kaufpreises hinzu. Der Eigentumswechsel wird letztlich erst durch Antrag beim zuständigen Registeramt *(Ufficio del Registro)* unter Vorlage des Kaufvertrags veranlasst. Als Registrierungsbestätigung erhält der neue Eigentümer eine Eintragungsbescheinigung. Veräußert ein Verkäufer seine Immobilie in betrügerischer Absicht an mehrere Parteien, wird derjenige Eigentümer, der zuerst registriert ist, belangt. Ein Notar haftet in der Regel dafür, daß der im von ihm ausgefertigten und beglaubigten Kaufvertrag genannte Käufer unverzüglich in die Register eingetragen wird. Vor dem Eigentumsübergang muss durch den Notar oder die zuständige Registerbehörde eine Bestätigung über die Eigentümer der zurückliegenden 20 Jahre beigebracht werden. In der Praxis verringert sich diese Zeitspanne jedoch häufig auf die letzten fünf Jahre. Grund hierfür ist die Personenbezogenheit des italienischen Registrierungssystems. Nur in den ehemals österreichischen Gebieten (Südtirol, Trentino, Friaul-Venetien) existiert ein Grundbuchsystem. Ein weiteres Kennzeichen des italienischen Systems ist die Existenz mehrerer Register. Innerhalb von 20 Tagen nach Abschluss des Kaufvertrags muss dieser beim Registeramt angemeldet werden. Auch diese Aufgabe obliegt bei einem notariellen Kaufvertrag dem Notar.

Bauantrag und Planung

Die Besonderheit des italienischen Baurechts besteht darin, dass laut Gesetz von 1977 praktisch jede bauliche Veränderung genehmigt werden muss. Die Genehmigungshoheit liegt bei den Städten und Gemeinden. In den einzelnen Provinzen werden gesetzliche Bauvorschriften erlassen, die für die Gemeinden bindend sind. Seit einigen Jahren sind neue Verfahrensregeln für den Ablauf des Genehmigungsprozesses in Kraft. Danach hat die Baugenehmigungsbehörde dem Antragsteller nach Eingang des Bauantrags den Namen des zuständigen Sachbearbeiters mitzuteilen, dessen Stellungnahme binnen 60 Tagen (bei Städten mit mehr als 200 000 Einwohnern 120 Tagen) ab Antragstellung vorliegen muss. Eine Aufschiebung der Frist ist nur möglich, wenn vom Sachbearbeiter zusätzliche Unterlagen angefordert werden müssen. Auch insofern ist es also zur Vermeidung unnötiger Verzögerungen wichtig, einen kompletten Genehmigungsantrag einzureichen. Die Stellungnahme des Sachbearbeiters ist der Genehmigungskommission (*commissione edilizia*) vorzulegen, die ihre Entscheidung ebenfalls binnen einer festgesetzten Frist zu fällen hat. Die Baugenehmigung ergeht immer befristet, wobei der Beginn der Bauarbeiten innerhalb eines Jahres nach Genehmigung, die Beendigung binnen drei Jahren erfolgen sollte. Ausnahmeregelungen müssen gesondert getroffen werden. Auch beim Hauskauf sollte darauf geachtet werden, ob Baugenehmigungen (beispielsweise für Umbaumaßnahmen) vorliegen und ob die geltenden Fristen noch eingehalten oder nötigenfalls verlängert werden können. Das italienische Baurecht erlaubt übrigens grundsätzlich auch, unrechtmäßig oder unter falschen Bedingungen erteilte Baugenehmigungen zurückzunehmen.
Es empfiehlt sich auch in Italien, einen Architekten zu beauftragen, der ausreichendes Gespür und Erfahrung in der Renovierung alter Gebäude hat. Selbst im Lande Palladios und Brunelleschis muss man oft lange suchen, bis der richtige Planer gefunden ist. Ein guter Architekt besitzt nicht nur die fachliche Kompetenz zur Erstellung der Planunterlagen, sondern kann dem Bauherrn durch seine Kenntnis der Verfahrensabläufe und der örtlichen Verhältnisse unter Umständen auch viel Zeit und Schwierigkeiten ersparen. Grundsätzlich können die Planunterlagen aber auch von einem amtlich anerkannten Geometer eingereicht werden. Mit einer Erklärung des beauftragten Geometers – der *dichiarazione di inizio attività* (DIA) – kann bereits nach Ablauf von drei Wochen mit den Bauarbeiten begonnen werden.

Literaturverzeichnis

Quellen, Reiseliteratur und Belletristik

Leon Battista Alberti, *Zehn Bücher über die Baukunst,* übertragen, eingeleitet und mit Anmerkungen und Zeichnungen versehen von Max Theuer, Darmstadt 1991 (unveränd. Nachdruck der Ausgabe Wien – Leipzig 1912).

Gerald Brenan, *Das Gesicht Spaniens, Bericht einer Reise durch den Süden,* 2. Auflage 1996.

Norman Douglas, *Reisen in Süditalien, Apulien – Basilicata – Kalabrien,* München 1969 (Nachdruck der Originalausgabe London 1915).

Gerhard Emler (Hg.), *Poetischer Athen-Führer, Athen – Attika – Klassische Stätten,* griechisch und deutsch, Darmstadt 2000.

Théophile Gautier, *Reise in Andalusien,* hrsg. von Ulrich C. A. Krebs, München 1994.

Sachliteratur zu Immobilienerwerb, Renovierung, Gartenkunst, Geographie und Landeskultur

Pattie Barron, *Der mediterrane Garten,* übertragen von Marianne Kurda, Berlin 1999.

Botschaft der Bundesrepublik Deutschland Athen, *Merkblatt über den Grunderwerb für EU-Bürger in Griechenland* (zu beziehen über die Botschaft, Telefon 00 30-1-728 51 11).

Patrick Bowe, Nicolas Sapieha und Francesco Venturi, *Herrenhäuser und Gärten in Portugal,* übertragen von Noreen Roeder, Hamburg 1998.

Bundesgeschäftsstelle der Landesbausparkassen (Hg.), Casa Europa, *Ein eigenes Zuhause im Ausland,* Bonn 1998/1999 (zu beziehen über die LBS / Casa Europa, siehe Adressverzeichnis).

Aldo Castellano, *Alte Bauernhäuser in Italien,* übertragen von Ulrike Stopfel, München 1986.

G. Cecchini, *Il Castello delle Quattro Torri e i suoi Proprietari,* Siena 1949.

Athena Dountsi (Hg.), *Santorini,* »and the sea gave birth to the land«, Athen o.J. (Topio Publications).

Thomas Drexel, *Häuser im Süden, Italien – Frankreich – Spanien, Richtig kaufen und gekonnt renovieren,* München 1999.

L'Ente Villa Carlotta (Hg.), *Villa Carlotta, Lago di Como,* o. O. o. J. (erhältlich über die Museumsverwaltung / Tel. 00 39-03-44-4 04 05).

Heidi Gildemeister, *Mediterranes Gärtnern, Mit wenig Wasser ein blühendes Paradies,* Berlin 1997.

René von Godin, *Historische Baumaterialien in Frankreich und Spanien,* Suderburg 2000.

Greek National Tourism Organisation, Research & Development Department (Hg.), *Guide to Tourist Investments, Law on Development,* 2601/98, Athens 1998.

Griechische Zentrale für Fremdenverkehr (Hg.), *Bewahrung und Entwicklung traditioneller Siedlungen in Griechenland, Das Programm der GZF (1975–1992),* Athen 1992.

Ernst Ulrich Große und Günter Trautmann, *Italien verstehen,* Darmstadt 1997.

Brigitte Hintzen-Bohlen, *Andalusien, Kunst und Architektur,* Köln 1999

Rolf Legler, *Die italienische Riviera, Ligurien – die Region und ihre Küste von San Remo über Genua bis La Spezia,* 4. Auflage, Köln 1990.

Burckhardt Löber, *Immobilien in Spanien,* Bad Homburg o. J.

Alfonso Lowe, *Andalusien,* übertragen von H. Conrad, 3. Auflage, München 1999.

Ministerio de Transportes, Turismo y Comunicaciones (Hg.), *Volkstümliche Architektur in Spanien,* Madrid o. J.

Dora Monioudi-Gavala, Santorini, *Society and Shelter, 15th–20th Century,* Athen 1997.

Matthias Müller-Michaelis, *Immobilien im Ausland, Feriendomizil – Ruhesitz – Fluchtpunkt,* München 2000.

Heinz-Jürgen Rathe, *Griechenland-Dossier,* Waldshut-Tiengen 1998 (zu beziehen über die Deutsche und Schweizerische Schutzgemeinschaft für Auslandgrundbesitz).

Doris Reichel, *Ferienimmobilien in Italien, Erwerb, Besitz, Verkauf und Steuern,* 2. Auflage, Freiburg i. Br. 1999.

Giuseppina Carla Romby und Renato Stopani (Hg.), *I Giardini del Chianti, »Selvatici«, Parchi,* »Luoghi di Delizia«, Firenze 1989.

Klaus Rother und Franz Tichy (Hg.), *Italien, Geographie – Geschichte – Wirtschaft – Politik,* 2., völlig neu bearbeitete Auflage, Darmstadt 2000.

José Manuel M. Placido Santos, *Portugal-Dossier, Immobilienerwerb in Portugal durch Ausländer,* Waldshut-Tiengen 1996 (zu beziehen über die Deutsche und Schweizerische Schutzgemeinschaft für Auslandgrundbesitz).

Peter Schöllhorn, *Spanienimmobilien erwerben, besitzen und vererben,* Freiburg i. Br. 1998.

Heinz Schomann, *Toskana,* Darmstadt 1990.

Hallwart Schrader, *Norditalien, Ihre zweite Heimat,* Stuttgart 2000.

Klaus Zimmermanns, *Toscana, Das Hügelland und die historischen Stadtzentren,* 18. Auflage, Köln 1994.

Die monatlich erscheinende Immobilienzeitschrift *Bellevue* enthält zahlreiche Beiträge, Informationen und Immobilienanzeigen auch aus dem mediterranen Raum und Portugal. Noch ausführlicher informieren die *Bellevue*-Sonderhefte Spanien und Mallorca.
Für die Immobiliensuche im Internet:
www.bellevue.de.
Zahlreiche Angebote finden sich auch im Immobilienteil großer überregionaler Tageszeitungen *(Süddeutsche Zeitung, Frankfurter Allgemeine, Die Welt).*

Immobilienerwerb, Beratung und Finanzierung

Deutsche Schutzvereinigung
Auslandsimmobilien e.V. (DSA)
Zähringer Straße 373
D-79108 Freiburg
Telefon: (07 61) 550 12
Telefax: (07 61) 550 13
E-mail: info@dsa-ev.de
http://www.dsa-ev.de

Deutsche und Schweizerische Schutzgemeinschaft für Auslandsgrundbesitz e.V.
Carl-Benz-Straße 17a
D-79761 Waldshut-Tiengen
Telefon: (0 77 41) 21 31
Telefax: (0 77 41) 16 62
E-mail: kontakt@schutzgemeinschaft-ev.de
http://www.schutzgemeinschaft-ev.d e

Casa Europa
LBS Bundesgeschäftsstelle
Behrenstraße 31
D-10117 Berlin
Telefon: 0 30-20 22 53 40
Telefax: 0 30-20 22 51 35
E-mail: bernhard.dietrich@DSGV.de
http://www.lbs.de

Danksagung

Der herzliche Dank des Autors gilt zunächst allen Eigentümern und Planern, ohne die dieses Buch nicht zustande gekommen wäre. Ihre Gastfreundschaft, Herzlichkeit und Bereitschaft zur Mitarbeit kann gar nicht hoch genug eingeschätzt werden.
Zu nennen sind hierbei Evangelos Rigas, Brigitte und Eberhard Still, Gaby und Santiago Fernandez, Agnes und Haakon Brenner, Esther Garrido Luengo und Ehemann, Dolores und Georg Orthmann, Beatrice Brauen, Laura Guerrini-Ponticelli, Karin Gilliam, die Familie Bandettini, Isabetta und Claudio Naldini, Markos Karvounis, Sigrid Geist, Sandra Portelli und Rodolfo Schmidt Zagert sowie all diejenigen, die im Buch nicht namentlich erwähnt werden. Die Familie Baardman, Donald J. S. Brean und Marie-Louise Avery mit Familie(n) erklärten sich freundlicherweise mit Fotoaufnahmen in ihren Urlaubsdomizilen einverstanden.
Bettina Röhrig von der Versteckten Toskana, Karin Joanidopoulos von Casa Andaluza und Ingrid Grabner von Villaia zusammen mit Blanka Sauer von Check-In Reisen haben sich höchst engagiert um die Vermittlung wundervoller Anwesen, die Herstellung von Kontakten und die Organisation der entsprechenden Termine gekümmert. Holger Hühn und Josef Wurzler knüpften wichtige Kontakte, ohne die dieses Buch um drei faszinierende Anwesen ärmer wäre. Carola Papageorgiu-Chinari danke ich herzlich für den höchst angenehmen Aufenthalt in ihrem Hotel.
Mit wichtigen Informationen waren insbesondere Montse Matteu von der Dirección general de Actuaciones Concertadas, Arquitectura y vivienda in Barcelona, Penelope Nombilaki von der Griechischen Fremdenverkehrszentrale in Athen, Vitor Gonzalez vom Ordem dos Architectos in Portugal, Claudia Kotte vom Bund Deutscher Architekten (BDA), Stefan Buchwald und Herr Glass von den Deutschen Botschaften in Lissabon und Athen behilflich.
Mein Vater Wilhelm Drexel hat die kunstvollen Grundrisszeichnungen nach den Vorlagen der Planer neu gefertigt.
Sabine Kampmann, Andrea Hölzl, Dorothea Montigel und Monika Pitterle vom Callwey Verlag haben aus dem Manuskript und den Bildvorlagen des Autors ein wundervolles Buch gemacht. Herzlich gedankt sei auch Roland Thomas sowie Andrea Hölzl für ihren Turm-Tipp.

Streitfeldstraße 35, 81673 München
www.callwey.de
e-mail: buch@callwey.de

Die Deutsche Bibliothek – CIP-Einheitsaufnahme
Ein Titeldatensatz für diese Publikation ist bei Der Deutschen Bibliothek erhältlich.

ISBN 3-7667-1464-3

Fotos: alle Thomas Drexel außer Umschlag vorne, S. 11, 23, 25, 26, 30: Pere Planells; vorne, S. 47 Mitte u. unten: Evangelos Rigas; S. 80 Mitte u. unten: Gaby u. Santiago Fernandez; S. 86 unten beide: Agnes und Haakon Brenner; S. 102 Mitte u. unten: Beatrice Brauen; S. 118 Mitte u. unten: Karin Gilliam; S. 126 beide: Familie Hase
Litho: Fotolito Longo, Bozen
Druck und Bindung: Editoriale Lloyd, I-San Dorligo della Valle
Printed in Italy 2001

CALLWEY

Für die Zukunft gestalten.

Wohn – Träume

„*LebensArt am Mittelmeer* zeigt all die Sehnsuchtsbilder, die wir im Kopf haben, wenn wir an Griechenland, Italien, Südfrankreich und andere Mittelmeerländer denken."

STUTTGARTER ZEITUNG

Paco Asensio/Pere Planells
LebensArt am Mittelmeer
192 Seiten, 327 Abbildungen.
Gebunden.
ISBN 3-7667-1442-2

„Perfekt in Szene gesetzt"

DIE ZEIT

„Dieses Buch räumt nicht nur mit Ängsten und Vorurteilen auf, es beflügelt die Sehnsucht nach mediterranem Leben."

COUNTRY

Thomas Drexel
Häuser im Süden
160 Seiten, 162 Abbildungen,
24 Grundrisse. Gebunden.
ISBN 3-7667-1333-7

„Alle Treppen sind von namhaften Architekten entworfen. Neben einer Baubeschreibung führt der Autor auch die Kosten und Materialien auf. Eine wunderbare Inspirationsquelle für Bauherren!"

SELBST IST DER MANN

Thomas Drexel
Neue Treppen
96 Seiten, 132 Abbildungen,
45 Pläne und Zeichnungen. Gebunden.
ISBN 3-7667-1387-6